ちくま学芸文庫

日本的思考の原型

民俗学の視角

高取正男

筑摩書房

目次

日本的思考の原型

民俗学の視角

さまざまな願いをこめてかけられる絵馬（白山比咩神社）

第一章　エゴの本性

1　個人のシンボル

ワタシの茶わん

私ごとから書きはじめて恐縮であるが、いまから二十年以上もまえのこと、学生時代の話である。たまたま休暇で帰省していた私は、ある日、お茶が飲みたくなって、なにげなくチャブ台の上にあった湯呑みを手にとり、お茶を注いで飲みほした。すると、そばに坐っていた妹が、急に大声をあげて抗議した。それは〝ワタシ〟の茶わんだというのである。

このときの妹のけんまくは、イヌ好き、ネコ好きの人が聞いたら怒るかしれないが、まるで自分の湯呑みをイヌかネコになめられたかのようであった。年ごろの女の子にとって、独身の兄貴は不潔な異臭を発し、アニマル的存在にみえる時期があるものらしい。だから、私も負けてはいなかった。さっそく、キミはボクの妹である。ボクより後から生まれてきたキミは、ボクがさんざん飲みあきて、いらなくなって捨てた母さんの乳房に、うれしそうに吸いついたではないか。いまさらキミの湯呑みにボクが口をつけたからといって、それほどめくじら立て、大声をだすこともなかろうと、すかさずいい返してやった。一部始終をよこで見ていた父は、手をうって笑った。たぶん、父も日ごろ妹の潔癖ぶりに辟易《へきえき》し、直接、間接に被害をうけていたからだろう。怒って茶の間から出ていったときの妹の顔は、およそ兄妹喧嘩《げんか》なるものを経験した人なら、容易に想像していただけると思う。

当時、中学から高校に進学したころであった妹も、いまでは中年の主婦とよばれる年ごろになった。かつては繊細な神経をほこる女の子として、兄貴の無神経とバンカラぶりを大仰《おおぎょう》に批難し、かえす刀でオヤジまで辟易させ、被害者にしていた妹も、子どものたべのこしたオカズを平気で口に入れ、ときには背の君の湯呑みでお茶を飲むことぐらい、人まえでなければまさに日常茶飯のことになっているだろう。だが、その彼女も、いっぽうでは日本中の家庭がどこでもやっているように、生まれた赤ん坊がすわってご飯をたべるほどになると、まずその子のために茶わんや箸を買いととのえ、ボクの茶わん、ワタシのお箸とよばせて、それをシツケの第一歩にしたはずである。やがてその子どもたちのあいだで、私と妹のやった喧嘩もはじまっているにちがいない。

個人用の食器、とくに湯呑み、茶わんの類を用意するのは、家庭のなかだけとかぎらない。学校の職員室や会社で、大きさや模様などで区別して、教頭さんの茶わんとか、課長の湯呑みなどとよんでいる例は多い。なぜそういう習慣になっているかとたずねたら、おそらく仕事のあい間に渋茶をすするのに、自分の湯呑みをつかえばそれだけ気分が休まり、職場からよそよそしさが減るという返事があるだろう。

そのような職場で、もしまちがって同僚の茶わんなどに口をつけたことがわかると、いささかオーバーではあるが、その一瞬、自他ともに奇妙にしらけた気分にまきこまれる。少なくとも、まちがえた人の口からは、「すみません」というあやまりの言葉が自然にでるだろう。まちがえられた人は、「いえ、いえ」と挨拶をかえして、相手の失敗がそれほど重大な過失でないことを印象づけようとする。このような応対のなかにひそむ感覚は、言葉にだして分析し、説明しようとすると、かえって正体が消えてしまうほど微妙である。おなじ日本人なら、説明なしでわかりあえることであるが、ことの本質を明らかにするため、ことさら拡大してみると、それは犯すべからざるものを犯したというような、禁忌《きんき》・タブーの類を破ったときの驚きとか、嫌悪感につながるものがあるといえるだろう。以前に私が妹の御機嫌を損じたときの根源の感覚は、いまも私たちの周囲にりっぱに生きている。

禁忌に守られて

もちろん、いまの職場の気風が、一時代まえとかなりちがっているのも事実である。個人用の食器があるならつかうけれど、わざわざ自分で用意し、自宅から運んでくるまでもないといって、備えつけの品で用をたす人も多くなった。自分から道具立てしてまで、職場をアットホームにするほどもないという、割り切った気持ちからである。それに、休憩時間はむかしのように渋茶だけでなくなった。インスタントのコーヒーや紅茶が普及し、これが休み時間のお茶がわりになっている。そのため、これまでの湯呑み類のほかに、コーヒーや紅茶用の洋風の茶わん類が、職場の食器棚に同居していることが多い。そして、このほうは日本式の湯呑みとちがい、最初からだれそれのものとはいわない。

この現象は家庭内でもおなじで、個人用ということがはっきりしているのは、茶わんや湯呑み、箸など、古くから日常につかわれてきた伝統的な食器類にかぎられている。お膳にしても、むかしは箱膳などとよぶ個人用のものを、めいめいがつかった。いまでも神事や法要、日本式の結婚披露宴や、茶会、料亭での正式の料理などには、その用途にあわせた個人用の膳がつかわれる。西洋や中国式のテーブルを囲む食事をまねて、チャブ台が一般家庭に普及したのは新しい。都会地でも大正から、昭和のはじめごろであった。これと並行して、食事の内容にも洋食や中華風の惣菜《そうざい》が加わり、カツやフライ、カレーライスや炒飯《チャーハン》を盛る大型の皿類が、一般家庭に備えられるようになった。ところが、こうした皿類は、きれいな模様のあるのを子供用にというぐらいで、それ以上に個人用というのはなく、家庭で適宜《てきぎ》に共用している。

このことから、家庭や職場で個人用の食器を用意するのは、もともとお膳からしてそうであったような、日本の古い習慣にもとづくもので、きのう今日にはじまったものでないことが知られる。逆に洋式の食器類に個人専用のものがないのは、明治以降の近代化の過程で洋式・中華風の食生活が普及しはじめ、家族一同がチャブ台を囲んでいっしょに食事する風習がはじまり、個人用の食器に執着する気持ちもうすれてきたためで、その時点からつかわれるようになった新しい食器類に、個人用のものはつくられなかったわけである。

一見したところ、個人意識のつよい近代人ほど、自分の食器という主張がつよくなりそうなものである。それなのに、近代化という点でつねに手本とされてきたヨーロッパやアメリカでは、個人の食器を用意する習慣は、もともとなかったと聞いている。逆に日本では、近代的な個人意識とは縁の薄い人ほど、個人専用の食器への執着心を、すなおに表明してきた。このことは近代社会が生みだした個人の私権擁護をめぐるさまざまな制度や理論などと、次元を異にする問題とみてよさそうである。

たとえば結婚式のとき、新郎・新婦のあいだで交わされる三々九度の盃は、親子、兄弟、主従、同輩相互の固めの盃と趣旨をおなじくしている。ことさらひとつの盃を共用することで、偕老同穴《かいろうどうけつ》、一味同心の契りを固めあう作法である。宴会の本義は酒盛りにあり、もとは神祭りのとき、神を迎えて供物をささげ、神と人とがおなじものをいっしょにたべ、神人の和楽をはかったのがはじまりである。だから、ひとつの大盃に神酒を盛り、列座のものが順に飲みまわすのが酒盛り、したがって宴会の古い作法で、めいめいに小さな盃が配当され、猪口《ちょく》を用意するのは新しい。結婚式での固めの盃は、そのむかし、神祭の日に行なわれた聖なる酒宴の方式を、今日に伝えているものである。そして、晴れの日にかぎってこうした儀式がなされたから、褻（ケ）とよばれるふだんのなんでもない日に、わざと食器を共用し、他人のものを無断で使用すれば、礼に反する重大な過失となる。罰あたりという表現にふさわしいような、理屈ぬきに禁忌（タブー）を犯した行為として、人の指弾をうけてきたわけである。

鍵束とシャモジ

結婚式に関連していうと、新婦が輿入《こしい》れの日に生家をでるとき、それまでつかってきた湯呑みを門口《かどぐち》で割る風習もある。あるいは葬式のとき、出棺にあたって死者が生前につかっていた茶わんを、おなじように門口で割る風習もある。これらは、その身につけてつかってきた食器を破棄することで、二度ともとの生活にもどらないという決意をしめし、あるいは、帰るに帰れない状況をつくって送りだす作法であった。

とくに葬式の場合、出棺のとき、あわただしく門口で一把《いちわ》のワラに火がつけられ、そのよこで、茶わんがひと思いに割れる音を聞くと、死者の霊が成仏《じようぶつ》できず、生家に執着してこの世にとどまるのを防止する呪術としての性格を、いまも濃厚にとどめているように思われる。このときの茶わんは、死者のこの世での執念の容器とみることができる。土葬の村では、埋葬のときに棺を縄でしばり、上からそろそろと墓穴のなかに降ろすが、最後にもう少しで底につくというとき、いっせいに縄を握っている手をはなすところがある。棺はにぶい衝撃音をたてて、穴の底に安置される。その音は死者もさることながら、この世に残されたものの執着を断つ音であり、死者のあの世への旅立ち、この世との訣別の象徴音とみることができる。出棺にあたって割られる茶わんの音も、本質はこれとおなじだろう。

日本人にとって、食器は所持者の実存の象徴としてあつかわれてきた。それは個人の私権を擁護するさまざまな制度など、およそ近代社会の創出した理性の産物とちがい、それ以前の、より根元的な世界に所属している。おなじ類のものをヨーロッパ世界の伝統的な生活習俗のなかに求めるなら、家や部屋の鍵などがそれに当たるだろう。すでにのべたように、日本人は友好のしるしとして、同盟のあかしとして酒席で盃を共にしてきた。日本座敷の日本料理の席でなされる盃の執拗《しつよう》な献酬《けんしゅう》は、その残留形式である。これに似た西洋の習慣は、鍵の贈呈だろう。名誉市民の称号を贈ったしるしに、その市の紋章入りの金・銀製の飾り鍵を手渡し、それを友好のしるしとする風習などは、いまでは日本でもまねられている。

西洋の主婦は、腰にさげた鍵束でもって、主婦権の所在をあらわしてきたという。これに似て、日本の主婦にも土蔵の鍵で衣服管理の責任をあらわし、それを息子の嫁に渡すことで隠居の意志表示とみなす習慣があった。しかし、多くは主食分配の道具であるシャモジをもって主婦権の象徴とし、隠居して家事いっさいの権限を息子の嫁に委譲することを、シャモジ渡しとよびならわしてきた地方が多い。家族員各自の所持している茶わん類が、それぞれの霊魂の容器を意味し、彼らの実存の象徴であるならば、それに主食を盛りわけるシャモジのほうは、必然的に家族員個々の魂に新しい活力を分与する聖なる道具となる。その意味で、シャモジは家族員個々の保持するプライバシーを、ひとつの家族共同体のなかに統轄《とうかつ》する指揮棒にふさわしく、主婦と主婦権のシンボルとするに似つかわしい。

とすると、ヨーロッパの主婦が腰につけていた鍵束もまた、家屋の管理もさることながら、家のなかの個室であらわされている家族員個々のプライバシーを、主婦として統轄しているシンボルといえるだろう。相互に表現様式はちがっていても、それぞれのあらわす内容は、たがいに近似するものがあるように思われる。こうしたシステムは、なぜそうなのかと尋ねられても、むかしからそうなっているとしか答えられない伝統の習俗であり、理屈ぬきの信仰である。

個室の有無

この家の鍵と部屋の鍵の問題に関連して、明治以来、日本の知識人のあいだに信じられてきた一種の神話のようなものがある。そこで説かれてきたことは、要するにヨーロッパやアメリカでは早くから個人の独立が重んじられ、親子のあいだでも子どもが一定の年齢に達し、居室を別にすればそれぞれ鍵をもち、家族内での個人のプライバシーは、個室というかたちで空間的にも保証されている。これに対して日本の伝統的な家屋構造では、襖《ふすま》や戸障子をとり払ったら家中がひとつの広間となり、家族員は個室ひとつもつこともできない。イロリ端のヨコザなど、家長がその座にすわると家中を睨《ね》めまわすことができる。家長の絶大な権力のもと、よわい立場の家族員は、家のなかでも空間的にかくれる場所がなく、もっぱら家長の一方的な統制に服してきたというのである。

この説は、ちょっと聞くと、いちおうもっとものように思える。近代になって逆に再編強化された強力な家父長制的家族秩序の圧力に抵抗し、欧米に開花した近代の個人主義を手本にして、自我の独立を志向する意識のつよい人ほど、この説に耳を傾けてきたのも納得できるように思われる。しかし、よく考えてみると、日本の家屋に個室がないのは、木や竹で茅葺《かやぶ》きの屋根をささえ、間仕切りの壁のことなど考えなくてもよい独得の軽量構造にもとづいている。逆に西洋の建物に個室の多いのは、石や煉瓦《れんが》の壁で建物をささえる重量構造にはじまっている。個人のプライバシーを尊重するとかしないという精神の問題に入るまえに、自然と風土の条件とふかく関連しあっている建築の材料とか、構造の問題として考えられねばならない。ヨーロッパやアメリカでは個室と鍵を重視するが、個人用の食器という点では意外と無頓着である。反対に日本人は個室をもたないかわり、個人用の食器につよい執着をしめしてきた。両者のあいだに存在する差異は、なにをもってプライバシーの象徴とみなすかという文化の型の問題だけで、近代以前の伝統的な社会での個人意識に、本質的なちがいとか程度の差はなかったとみるべきである。

いっぽう、個人の自覚とか自我の独立といったことが、論証ぬきの直観を越え、明晰《めいせき》な意識と論理でもって把握されるのは、近代市民社会が理性によって創りだした普遍世界でのことである。その場合、鍵によって象徴され、石や煉瓦の厚い壁で防護された個室という個人の私的空間を家屋内にもつことは、個我の自覚にかかわる思索に大きくプラスするものがあったとしても、それ自身は知的雰囲気にもならないくらいの、たんなる物質的条件にしかすぎない。そこで生みだされた個人の自覚は、まさしく普遍的な理念そのものとして、そのまま全世界に、どのような風土条件をも越えて妥当する。そして、私たち日本人は、その自然や風土の条件にしたがって開放的構造の家屋に住み、西洋風の個室はもたなかったけれど、そのかわり、西洋にはない個人専用の食器を所持してきた。「一寸の虫にも五分の魂」というのは、日本人が近代的自意識を獲得する以前から、民間でいいならわしてきた言葉である。イロリ端に一家そろって坐り、主婦の手にするシャモジにしたがって食事するなかで、家族員のめいめいが相互に不可侵の個人用食器をもってきた。たがいにそれを認めあう事実を嚙みしめながら、一寸の虫に住んでいる五分の魂のありようから出発して、自我についての近代的な自覚と認識をふかめる方途も、西洋の個室の場合と少しも変らないほどおなじように、りっぱに存在しているはずである。

若者宿、娘宿

日本の家屋には個室らしいものがないというのは、明治以来のインテリたちの愚痴《ぐち》である。この国には個人意識を育てる土壌がもともと薄弱であったということにして、みずからの努力の不徹底さを覆おうとする、ある種の怨みごとじみた弁解のように思われる。封建時代に、武家や上流町人、村落でも庄屋クラスの有力農家では、その資力に比例して家長の権限が絶大であったのは事実である。だが、一般庶民のあいだでは、地域や職能による横の連帯や協力のほうが、はるかに大きな機能を保持していた。とくに村落にあっては、当時、年ごろの息子や娘にとって、家に個室のないことなど、ほとんど問題にならなかったろう。

というのは、そうした夢のようなことを考えられるほど、彼らの日常にゆとりはなかったはずである。それに、村には若者宿《わかものやど》とか娘宿《むすめやど》とよぶものもあり、年ごろの若者や娘たちは、夜はほとんど親の家に寝ないというところも珍しくなかった。とくに漁村では、暑い季節の天気のよい晩は、近辺の松原や舟のかげに親しいものが集まって寝た。若者のための特別の建物のない村では屋敷が広く、人望のある家に頼んで、宿につかわせてもらった。家の仕事をすませたあと、若者は宿に集まって共同生活を営み、若者特有の娯楽もさることながら、そのまま村の警防に任じ、生業の基礎訓練をしたところも多い。娘宿の場合、めいめいが家から裁縫や糸紡ぎの仕事をもち寄ったなどという。

それが明治以降、二十年代（一八九〇年前後）に進行した産業革命は、地縁や職能による旧来の共同体の最終的な解体を進めた。やがて三十年代、今世紀に入るころから、重化学工業を指標とする第二次産業革命がはじまった。庶民のあいだに存在した横の連帯感が、これを境に急速に消滅しはじめたのは当然として、その度のあまりに急激であったために生じた空白部に、すべてを血縁になぞらえ、父方の出自のみ重視する武家社会に象徴的に発達した、いわゆる「タテ社会」の論理が不当に拡大され、充塡《じゅうてん》されることになった。私たちの先輩が目の前にした強力な家父長制的家族秩序と、それを根幹にしたさまざまな社会組織は、多くは明治国家が近代化の過程でつくりだした巧妙な疑似《ぎじ》共同体であった。これをもって大昔からあるように思うのは、大きな錯覚といわねばならない。なににつけても日本には近代的な個人意識の育つ条件がとぼしいと思いこみ、そうした宿命感から西洋に開花した近代社会とその文化にあこがれるあまり、西洋にあるものすべてを価値の基準にして、日本の伝統的な家屋には個室がないなどというのは、明治以来の知識人たちの、きまじめではあるが、独断と錯覚にもとづく敗北主義といわねばならない。

枕によせて

昭和四十七年四月三日の『朝日新聞』朝刊の京都版に、当時、京都市右京区西京極《きょうごく》小

学校三年生の、おさかまこと君という少年の詩が掲載されていた。これは「こどもの歌」という題で連載されていたもののひとつで、

まくらをはずしてねると
こわいゆめを見る
ちょうちんおばけが
ぼくをさらってゆく
かなしいゆめを見ると
ふとんのなかで
ないてしまう
だからいつも
まくらはだいじにしてねる

とあった。

『万葉集』巻四には、女流歌人として著名な大伴《おおともの》坂上《さかのうえの》郎女《いらつめ》の歌として、

玉主に　玉は授けて　かつがつも　枕とわれは　いざ二人寝む

というのがある。娘の坂上大嬢《おおいらつめ》を嫁がせたときの作品といい、成人した娘を手放したあとの母親の寂寥《せきりよう》感をよく表現した佳作とされている。これを前の詩とくらべると、いっぽうは子どもの詩であり、こちらは大人の歌といいながら、千二百年の歳月をこえて、両者のあいだには相互につながりあうものがある。それは、枕とその使用者、所持者のあいだにあるふかい連帯の意識であり、魂の交流ともよぶべき事象である。

子どものころ、近所に片方の目の不自由な小母さんがいた。町内の子どもたちのあいだのもっぱらの評判では、あの小母さんは小さいとき、姉さんと枕の投げあいをした。むかしは子どもでも女は木枕をしていたから、その角が目に入ったというのである。筆者もそれを真実と思い、秘密の噂話に参加した。ところが、民俗学の本を読むようになって、枕を投げると目がつぶれるという戒めが各地にあることを知ったので、念のため母親にことの真相をたずねたら、あの話はやはり事実無根らしかった。友だちのうちのだれかがふざけて枕を投げていたところ、家の老人に目がつぶれるといって叱られたのが仲間のあいだに伝わり、そのうちに、あの小母さんもきっとそうだということになったものらしい。結果として事実無根のかげ口をきいたことになり、いまになって申しわけないことをしたと思っている。

漁村などで出漁中に嵐にあい、海難事故が起こって遺体のみつからないとき、遭難者が生前につかっていた枕を墓におさめ、それでもって死者の霊魂の形代《かたしろ》とするところもあった。出棺のとき、死者が生前につかっていた茶わんを割るように、人が死んで北向きに寝かせかえるとき、それまでしていた枕を力いっぱい外すというところもある。これもまた、死者をこの世から送りだし、訣別することの象徴であろう。枕も茶わんとおなじように、使う人の魂と奥深いところでつながりあっているとみられてきた。茶わんが活力の源である食糧を盛る器であるのに対して、枕は日常の神秘体験として身近な睡眠と、睡眠中の夢にふかいかかわりがあると感じられるからであろう。枕もまたつかう人の魂にふれ、相互に魂がのり移りあうものであるから、子どもたちが枕投げなどして粗略にあつかうと、罰があたって目がつぶれるといって、老人に叱られたわけである。

シャモジの意味

封建時代には、人の生命は虫けらのようにとりあつかわれた。基本的人権とか個人の尊厳など、まったく無視されていた。このことは、一般的な常識としてもちろん正しい。近代人のいうところの基本的人権と個人意識、各種の共同体に対立し、不屈の反抗を重ねるなかで確立されてきた近代的自我を、近代以前の世界にもとめるのはまちがっている。けれども、私たちの父祖もまた、おなじ人間である。まるでアリのように無私の立場で、所属する集団に奉仕するだけであったとは考えられない。すでにのべたように、一寸の虫に住む五分の魂は、それなりに鋭い自己主張をもっていた。その個人意識は未成熟という意味で半意識の状態であったかもしれないが、それだからこそ、逆に個人の実存には完結した霊性のかがやきが無条件にみとめられ、そこに一定の呪的能力が信じられていた。

　前近代の論理と思考は、分析的言語と概念による近代人のそれとは、およそ次元を異にしている。ことがらの孕《はら》んでいる相互に矛盾しあう側面、たがいに背反しあう諸機能も、ことがらのありように即して全一的に把握されている。分析にもとづく諸概念の呈示ではなく、比喩による全体の捕捉と、事物による象徴とが、思考作業の根幹である。たとえば主婦権というとき、主婦が家庭内で日常的に担っている権利と義務、家庭管理の業務内容を分析的に列挙するのがいまのやりかたである。むかしの人はそうでなかった。彼らは彼らにとっての主婦の全体像を、生身のままシャモジという事物によって象徴し、それでもって納得し、了解したと考える。シャモジ自身に呪的霊能がみとめられたのも、それが如《じょ》上《じょう》の思考方式にささえられ、シャモジが主婦そのものの姿として承認されて、両者のあいだに霊的交流と交感があると信じられていたからである。

　どの家の米櫃《びつ》にも、炊事のたびに量りだすマス（枡）があるが、たいていは四角の定量のマスではなかった。「ヒトマス・ヒトカタキ《（ゲ）》（一枡・一片食）」などといい、それに一ぱいの米が大人一回ぶんの主食になるほどの大きさの、木の椀などがつかわれた。主婦たちはこれで飯米を量るとき、はじめの一ぱいはおじいさん、つぎはおばあさん、それから夫というふうに、つぎつぎに家族の名をあげ、その顔を思いうかべながら量りだした。一人あて一合五勺だから、八人で一升二合といった算術はしなかった。そのような抽象的思考には、なじみはなかった。いちいち名をあげることで、当人の年齢や健康度、その日の仕事内容を瞬間的に勘案し、おなじ一ぱいの米でも人によって多い目、少な目と、文字通り斟酌《しんしゃく》した。斟酌とは、まさしくこうした生活と思考方式の生みだした熟語とみることもできよう。

このとき、主婦の手にするマスは、シャモジとひとしく主婦そのものである。これで主食の配分をうける家族たちの茶わんも、所持者個々の生命活動に対応し、それぞれの実存と直接にかかわっている。必然的に、これらは枕とおなじく、余物でもって代替できない霊的特質をそなえ、使用者の霊力が内在すると信じられてきた。こうした思考方式によって存在が具象化され、意識化されてきた個人のありようは、近代的自我とちがって分析的に呈示できないのはもちろんである。しかも現在の私たちが抱いているきわめて理性的な自我意識の内部に、霊力をはらむ事物によって象徴するしかないような、如上の前論理的な個人意識が、エゴの本性のようにして伝承され、潜在していることを認める必要があると思う。

2　拒絶の主体

小屋根の鍾馗さん

京都市内の、伝統的な町家の表通りに面した二階正面の小屋根の上には、しばしば二九ページの写真のような瓦製の鍾馗《しょうき》さんの像が飾られている。

これに関連して、最近ひとつの失敗を経験した。それはある新聞で、写真部の人が用意してくれるさまざまな民俗信仰の事例の写真に、こちらが解説をつける役をひきうけ、そのなかでこの鍾馗像をとりあげた。そこで書いたことは、まず、この風習はものの本によると二百年ほどまえ、京都の商家からはじまった。つぎに、この習慣はもちろん魔よけのまじないで、道をはさんだ向かい側の家がつけると、負けずに大きなのを飾る。なかでも両家の戸口が真正面に向きあっている場合はなおさらで、いわば家と家との「にらめっこ」になっている。そして、「にらめっこ」は、もともと大人たちのまじめな競技で、神意を占い、おしはかるための大切な方式のひとつであった。鍾馗さんはその代役をしている。京都の町の人たちは、なにごとも町内のつきあいを大切にしながら、近所どうしでたがいに闘志をもやしている。さすがはみやこの気風といわねばならないと、結びの言葉をそえた。

すると、さっそく京都の町に住む八十六歳になるおじいさんから、誤りを指摘する投書があった。その趣旨は、鍾馗は魔よけというよりも、悪鬼をはらう神とされてきた。瓦製の鍾馗さんが表通りに面した一階正面の小屋根の上に祀られているのは、その真向かいの家の棟に鬼瓦があるからで、その鬼にいつも睨まれているのを不吉と感じる家が、その防御策として鍾馗さんを飾り、守護神の役をつとめてもらっている。近所どうしで闘志をもやしているわけではけっしてない。道をはさんで向きあっている家相互間で、鍾馗像が対立してあげられている例は、どこにもない。むかしのみやこの気風はそれほどさびしいものではけっしてなかった。隣近所の親しみは、現今よりはるかにふかかった。この習俗に町の人の闘志や対立をみることはできないというのである。

たしかに、こちらの書きかたがまちがっていたし、不十分でもあった。唐の開元年中(七一三〜七四一)、玄宗皇帝の夢にあらわれて以来、終南山の進士であった鍾馗は、鬼を退け魔をはらい、疫病神を追却する道教の神とされてきた。京都の町家が一階の小屋根に鍾馗を祀る習俗の起源を説く書物は、すべて向かいの家の鬼瓦に四六時中睨まれているのが、気色《きしょく》わるいからはじまったといい、これが通説になっている。筆者が直接に見聞した例のなかにも、向かいのお寺の本堂の大きな鬼瓦に睨まれているのが気味わるく、縁起が

京都市内旧家、一階小屋根の上の鍾馗像

よくないからというのがあった。そして、これから転化した二次的形態として、向かいの家の戸口が道をはさんで自分の家の戸口と真正面に向きあっていると、先方の家に入った疫病神が自分の家に一直線に入ってくるといい、それを防ぐために鍾馗さんを飾り、さらに、先方に位負けしないよう立派なのを祀るということがはじまったようである。筆者はこの二次的形態のなかに、都市の民俗らしいものを感じ、都会人特有のはげしい競争心や敵愾《てきがい》心に一種のヴェールがかぶされ、予期しないユーモアにもなっているように思って、そこに焦点をあわせて前記のような解説を書いた。ところが、そのことに気をとられすぎたあまり、お向かいの家の鬼瓦を睨みかえすという、この習俗の出発点、信仰の正統部分の記述が欠落したため、筆者はことの本質を知っていない。むかしの都の気風は、隣近所に敵愾心をもやすような、そんなさびしいものではなかったという、先のようなお叱りの投書がきたものと思う。

しかも、この種の批判は、これだけにとどまらなかった。勤務先の大学が東山七条というむかしの京都の東南のすみにあるため、学生のなかには下京や、清水坂、東山馬町界隈《かいわい》の、古い町家の密集している地域に下宿しているものが多い。そのため、小屋根の上に祀られた鍾馗さんの写真と解説が新聞に掲載された直後、学生の口を通して下宿のおじさん、おばさんたちの批評を、たくさん聞くことができた。その内容は先にあげた投書とほとんど大同小異で、口にだされたものであるだけに、歯に衣を着せないもっと手きびしいものであった。その極端な部分だけを要約すると、さまざまな理由を列挙したあと、大学の先生というたかて、しょせん他所《よそ》からおいやした人（移ってきた人）、京都のことはわからへんという、まさしく一刀両断の結論に到達する。

理屈ぬきの拒絶反応

京都のことは京都人にしかわからないし、批判する資格はないとなると、これは反論ではなく、一種の拒絶反応とよぶべきものに属している。これまで二、三の市史の編纂《へんさん》や、役所に依頼された民俗調査に参加して経験したことであるが、たとえばその地の名刹《めいさつ》の開創年代など、どういう書物に明証があるとか、どの記録文書から推定されるといった類の話は、たとえこちら側の結論がその地のいい伝えと異なり、できるだけ由緒の古いことを願う土地の人の期待に反したとしても、反応はそれほどきびしいものではない。すべてが文献による証拠と、その解釈をめぐる理性の世界に属することとして、結着はそう困難なことではない。ところが、問題が民俗とよばれる範囲のことになり、日常のなかでその地に住む人が無意識のうちに行なってきていることをとりあげ、それを意識の俎上《そじょう》にのせるとなると、思いがけない感情の反発をまねき、有形無形の障害の起きることも珍しくない。隣接する集落に、おなじ系統に属しながら少しかたちのちがう習俗のあるのを見落したなどと、調査者の手落ちを咎めるのはまだしも、おなじことでもとり上げかたによって、嫌悪感とか恥さらしといった感情を刺戟すると、そこで惹起《じゃっき》される反撥は、決定的なものになる。文字に記録され、意図的に後世に伝えられた表向きの歴史は、大多数の地域住民の日常とは縁がうすい。これに反して、人々が日常なにげなく行なっていることになると、問題はけっして単純でない。

この日常に関することがらで、もっとも普遍的に発生する心理的トラブルに、方言にかかわるものがある。たとえば、テレビドラマなどを見ていて感じることであるが、役者が特定地方の方言をつかって芝居をしているとき、それが自分とまったくかかわりのない地方の場合は問題ない。なかなか上手にまねしていると思ってみている。ところが、いったん自分の生まれて育った地方の言葉をつかいはじめると、いちどに興醒《きょうざ》めし、シラケてしまう。これまで、さまざまな地方出身の人にたずねてみて、みなおなじ思いをしていることを知った。そこでいえるのは、役者のものまねの下手なときは、まだ救いがある。上手に特徴をとらえ、たくみにまねするほどそらぞらしく、なんとしてもリズムが合わず、耳をおおって居ても立ってもいられなくなることも珍しくない。これもまた、他人にむかって理屈でうまく説明できないことに属するから、一種の拒絶反応というほかない。こうした現象は、もともとどういうことから起こるのだろうか。

京都の伝統的な町家の、一階正面の小屋根に祀られている鍾馗像についての筆者の解説を読み、先に記したような拒絶反応をしめした人たちは、とくべつに誇りたかき京都人ということはないだろう。京都の人はどこへ旅行にでかけても、帰ってきて列車の窓から鴨川や東寺の塔をみると、やっぱり京都はよろしゅおすなあというといわれる。だが、この程度の愛郷心なら、どこにでもある。そして、生まれ育った地から遠く離れて住むものが、郷里の言葉をつかってみよといわれてもむつかしいし、口に出してもなにかそらぞらしい。それが、いちど帰省して郷里の地をふみ、幼馴染《なじ》みと顔をあわせると、忘れたかにみえた方言が、無理なくでてくる。こうした目にみえない絆が外部からの力で攪拌《かくはん》されるとき、すべてをいちどに拒否するだけの、分析的言語ではとうてい説明できないような拒絶の感情だけが、思わず頭をもたげてくるのだろうか。

「女の理由」

昭和四十八年（一九七三）三月に亡くなったアメリカの漫画家、チック・ヤングの新聞連載漫画『ブロンディ』は、賢夫人ブロンディと、うだつのあがらない夫のダグウッドの一家を中心に、アメリカ庶民の生活をえがき、世界十六カ国語、千五百紙の新聞に四十年ものあいだ掲載されたと聞いている。日本でも第二次大戦後しばらくのあいだ、新聞や週刊誌に連載されて、それまでアメリカの庶民の日常などまったく知らない鎖国状況に育った世代にとって、目の開かれる思いがした。そのなかで、いまも印象に残っているもののひとつに、前後のこまかな事情は忘れたが、ブロンディが日本流にいえば柳眉《りゅうび》をさかだて、「だって、というのが女の理由よ！」と、夫に答えている場面があった。

その原語は"Because is woman's reason!"とあったように記憶している。ブロンディのあまり気のりしないことをダグウッドが提案し、ブロンディが「だって……」といったまま口ごもっているのに対して、どうして嫌なのかとダグウッドがしつこく尋ねたら、右のような返事がかえってきたわけである。日本には「朝雨は女の腕まくり」といういいぐさがある。女が腕まくりしてもたいしたことはない。おなじように朝の雨はたいした降りにはならないで、すぐに止むというのである。アメリカ人のいう「女の理由」というのもなにかこれに似て、女性をからかうある種のニュアンスが含まれているのかもしれない。が、それはともかく、レディが「だって……（Because...）」といったら、それで話しあいは中断、ジェントルマンたるものはそれ以上に理由を追及してはいけない。たとえたずねても、けっして埒《らち》はあかない。そこから先は女性特有の論理以前の世界で、ダグウッドならずとも、その聖域に立入ってはならないということだろうか。こうしてみると、先にあげた拒絶反応とは、この「だって……」の論理に相当するのではなかろうか。

話をもう少し先に進めると、私たちがふだん衛生的とよんでいることと、潔癖とよんでいることとは、明らかにちがっている。衛生的というのは科学的知識にもとづく合理的判断や、行為をさしている。だから、それは世界中どこでも、おなじように通用するような、科学によって証明された真理にもとづく行為である。これに対して潔癖というのは、結果として衛生的である場合もあるが、その動機と発想はまったく異質なものに出発している。他人の湯呑みに口をつけるのをいやがり、他人が自分の茶わんや箸をつかうのを厭《いと》うことなど、その好例である。おなじように、外出から帰ったり厠《かわや》から出たあと、手を洗ったり口をすすいだりしないでいられないような気持ちは、ほんらいは科学的な認識とは無関係なもので、伝統的に汚いと信じられ、子どものときから習慣として教えられ、しつけられてきた共通の感覚、共同の信仰というよりしかたのないようなものに発している。

ブロンディが「だって……（Because...）」という言葉で表明した拒絶の意志表示は、これ以上に聖域への立入りを禁ずるという意味で、右にみた共同の信仰、ないしは禁忌（タブー）の意識と深く内面でかかわりあっている。私たちが日常に行なっている手洗いなどの行為は、こうした禁忌意識にもとづく伝統的な潔癖感のうえに、細菌やら消毒といった近代の科学知識がかぶさって、現実の姿になっているとみてよい。だから、この重層構造のうちの、表層にあるたてまえの部分、科学的知識にもとづくことには国境はない。そのまま無条件で全世界に妥当する。だが、その内側に存在するほんねのほうは、伝統的な生活文化そのもののなかで醸成されてきた民俗の壁がある。民俗を統合的に共有する文化的単位体としての民族の壁がある。ブロンディの「だって……」と、日本人のいう「だって……」とは、理屈では容易に説明できないという前論理の構造はおなじであるが、その言葉によって立入りを拒否する聖域の内容は、たがいに異なっている。

潔癖感の論理

こちらが容認することを先方では拒否するし、むこうで許容されることでも、こちらとして従いがたいことがある。食器の共用やら部屋と鍵の関係など、その一例である。外国へいったら、スープを飲むとき音をたててはいけないといわれるが、土足で家のなかに入り、座敷へあがることへのこだわりは、日本人にしかわからない。外見は西洋建築をそっくりまねた日本の大学の、教員用の個人研究室に出入りする女子学生の日常のマナーは、ヨーロッパやアメリカではありえないことと聞いている。個室の扉のもっている前論理的意味までは、知識の府といえども、たやすく輸入できないでいる。そして、万国共通のたてまえに対するほんねの自己主張は、日常的にさまざまな摩擦《まさつ》を生じている。たとえば、非衛生的な所行はすでにのべたとおり、近代の合理的思惟の結果として指摘されるものであるから、当人が自分の非をみとめて陳謝し、誤りを改めさえすればことは解決する。ところが、潔癖さに逆らう行為に対して周辺にひき起こされるものは、伝統的な生活習慣にもとづく感情の世界のことだから、人びとの論理以前、理性以前の反発と拒絶反応のなかにとどまっている。そうした分析的言語では表明しきれないような嫌悪の念は、たとえ当事者がただちにとり止め、改悛《かいしゅん》の情を示しても、たやすく消滅するものではない。

近代の合理的思惟の所産と伝統的な生活感覚とは、私たちの日ごろの行為のなかで相互にからみあい、たてまえとほんねというかたちで矛盾しあう関係になっている。人の潔癖感をそこない、侵犯者の蛮行というかたちで人の指弾《しだん》をうけるものが、万国共通ではなく、大きくは民族、小さくは特定の地域社会や民群、それぞれの保持する民俗によって異なっているところに問題の厄介《やっかい》さがある。父親の書斎も指導教授の個室も区別なく、無心に出入りして少しのこだわりも感じない女子学生は、そうした日本人であるからこそ、反対に教授の湯吞みでお茶を飲むなぞ、まちがってもしない。ある女優が婚約発表の記者会見の席で、婚約者の歯ブラシで歯を磨けますといえば、それを口にした本人も、聞いた側も、それ以上の多言を必要としない心理状態を共有する。まさしく納得という言葉であらわされるものである。私たちは日本人として、たがいにこうした民俗を継承してきている。個人用の食器をめぐる潔癖感とは、そのうちの有力な発現である。はじめに紹介した筆者の兄妹喧嘩の話のなかで、筆者のいいぶんは如上の感情をわざと無視した屁理屈《へりくつ》であった。返事につまった妹のほうが、それだけ、ことの本質をすなおに表明していたといってよいだろう。

ほんねとたてまえ

世の中には、言わなくてもわかる人でなければ、言ってもわからないということがある。縁なき衆生《しゅじょう》は度しがたしという言葉もあるが、回心の体験をはじめとする信仰の内面のことなど、こうした問題の中核部に所在している。必然的に、日常生活内部での人の禁忌意識のありようといったことなども、この問題の末席に位置しているといってよいだろう。伝統の潔癖感にもとづく私たちの拒絶反応は、おなじ日本人として民族の生活文化をともに担っておれば、説明なしに相互に了解しあえる。そして、個人の私権、プライバシーといった世界中どこにでも通用する普遍的理念も、衛生的という近代科学のもたらした概念とおなじように、現実には民族ごとに濃厚に個性をもつ伝統的な禁忌意識や潔癖感に支えられ、両者はたがいに層序をもって固く結ばれている。

明治以来の知識人の多くは、私たちの内面にほんねとたてまえというかたちで所在する如上の重層構造を、しばしば単純にとりあつかう誤りを犯してきた。西洋近代の文物をうのみにし、その表面の合理的にみえるたてまえの部分に合致しないものを、つめたく批判するのでなければ、逆に伝統の感情に発する拒絶反応に身をまかすという両極端を、不用意に往復するだけに終わることが多かった。いま大切なのはここで立ち止まり、日常の生活内部を掘り下げて、氷山の下にかくれている部分をさぐりあてたあと、もういちど水面に浮上する作業にとりかかることである。それは、私たちの日常の生活文化の、構造的認識とよばれるものである。

その場合、私たちにとっていちばん気になるのは、すでにのべたように、近代市民社会の根幹をなしている個人の自覚、ないしは個人意識のよってたつ根拠についてである。というのは、明治以来、西洋近代に開花した文物すべてを手本とみなし、法律制度をはじめ、社会文化すべての分野にわたって、そのたてまえを移植する努力がつづけられてきた。だが、それを植える土壌まで輸入することはできない。そのためには接ぎ木の台木をさがすようにして、私たち日本人の個人意識の根底になるようなもの、近代的個人主義の土台となるエゴの本性を、ひろく伝統的な民俗のなかにたずねる必要がある。最初に「個人のシンボル」という題で、個人の食器をめぐる伝来の禁忌意識から考察をはじめたのも以上の理由にもとづいている。しかも、こうした禁忌意識に発する人々の前論理的な拒絶反応が、個人を主体に、個人をめぐってあらわれるだけでなく、先にみたように方言をひとしくするような地域社会をも単位とし、個人の場合と同じようにしてあらわれることにも注意する必要がある。

前論理の世界

かつて老人たちは、村の恥というのもさることながら、家の恥をさらしたとか、親族一党の面汚《つらよご》しという表現をよく口にした。とくに明治中期以降の産業革命の展開過程で、庶民のあいだに存続してきた地縁や職能縁にもとづく各種の横の連帯が解体すると、とくべつ名門でもない家々でさえ、戸主や家長の権力は急速に強大化した。そうした家々は、農山漁村における地縁村落、都会中心に所在した手工業者の組合などという各種の掩護《えんご》物を失い、あるいは排除して自立した結果、その陰に潜在し、ときに強く掣肘《せいちゅう》されていた個々の家での家長権を、表面に顕在さすことになった。したがって、そこでの家長権のありようは、シャモジによって象徴する以外に存在の証しのたてられない伝来の主婦権とおなじように、およそ分析的言語で説明できるものとはもともと次元を異にし、性質のちがうものであった。

それらの家長権は、万事が主婦権とおなじで、さまざまな禁忌意識の組合せによって存在を保証されるものであったから、ときに家の体面を汚したといった論理以前の無条件の怒り、理屈ぬきの拒絶反応で存在を明示したのも、十分に理由のあることであった。家業を継ぐのに必要な技術を子どもに伝授するにも、いっさいの説明をはぶいて無条件に型のまねだけを要求し、失敗したら頭ごなしに叱りつけた。わけもわからず叱られ、ときに殴られたあげく、一種の恍惚《こうこつ》状態のなかで、まるで禅僧がさとりを開くようにして極意《ごくい》をのみこむことが要求された。こうした雷親爺、頑固親爺の権力と生きかたの根元もまた、各種禁忌意識の組合せのなかにのみ求められるであろう。個人用の食器や枕などで示されてきた家族員個々のプライバシーは、同質の原理によって存在した家長や主婦の権限と、たえまない緊張関係におかれていた。そのうえで、家長も主婦も家族員も、それぞれ家という全体の一部となって共存し、外部に対してはひとまとめになり、拒絶の主体となった。そこにAでなければ非Aという論理的な割り切りだけを前提にしない前論理の世界の特質があり、各種禁忌意識の組合せなるものの原理の一端がある。だからまた、このことは家族だけでなく、前近代の共同体全般に共通する特徴といえるだろう。

しかも現在では、上記のような家長権のありかたは、さすがに過去のものになっている。全国的な都市化と工業化の推進により、個々の家は消費の単位であっても生産の単位として、社会的に大きな地位を占めなくなった。家の仕事としての家業という言葉のもつニュアンスを、実感としてもてない人が急激に増加したからである。まして、家長に率いられた個々の家族のうえに、それらが血縁といった共通の出自意識によって結合した親族や、同族などの集団は、現実に生命をもった共同体として、禁忌意識や拒絶反応の主体になりうるほど強力な存在ではなくなっている。ところが、共同体としては家族や親族、地縁村落などにくらべて元来ははるかに微弱な存在であったはずの、方言をおなじくするような地域社会は、先にのべたように個人の場合につづき、現在も一定の禁忌意識による拒絶反応の主体になっている。このことは同族組織などにつづいて、家父長的家族や村落ごとの地縁共同体の基幹部分が姿を消した現在でも、私たちのエゴの本性が、各種の禁忌によって自らを主張するいっぽう、それと同質の契機によって所属する共同体に自己を同一化してきた前論理の構造が、けっして過去のものではないことを示している。

上醍醐から岩間寺への道にみられる地蔵菩薩

第二章　裏街道の話

1　共同体的平衡感覚

「なも」と「えも」

昭和四十九年（一九七四）の暮に亡くなった国文学の高木市之助博士は、以前、「折り折りの人」という題で新聞に発表された随筆のなかで、つぎのようにのべていられる（『朝日新聞』大阪本社版、昭和四十二年四月十九日朝刊）。

博士は明治のなかごろ、尾張名古屋の旧城下に生まれられた。小学校の一年にあがったとき、向かいの家に小畠鍈蔵《けんぞう》という同級生がいた。博士は毎朝その家の前にたち、「けんさまはえも」とよんで、二人で学校へいった。「けんさま」とは鍈蔵のけんと、名古屋方言の愛称の様（さま）を組合せたよびかけで、鍈さまが先のときは、「市（いっ）つぁまはえも」とさそいにきた。末尾のえもはなもと並んでこれも有名な名古屋弁の語尾で、えもとなもの区別とつかいわけは、それこそ生粋《きっすい》の名古屋っ子でなくてはちょっとこなせないほど微妙なニュアンスを含んでいるが、こうして二人がえもでさそい合う音楽的なリズムに何とも言えない叙情味がこもっていたことだけは、小学一年生でも、なかば本能的に感じとることができた。逆にいって、当時あんなにもけんさまを愛しえた気持ちは、かえってこのえもの持つ叙情のひびきから流れ出したのかも知れないほどだったと、博士は竹馬の友との交情を、回想していられる。

名古屋弁におけるえもとなものつかいわけは、兄さま・姉さまなど、兄ちゃん・姉ちゃんに相当する日常の愛称としてさま（様）をつかう風習とともに、現在ではほとんど消滅してしまっている。第二次大戦末期の空襲で旧城下が壊滅し、その後の猛烈な人口集中にともなうビル・ラッシュが、むかしの城下町の気風も雰囲気も、完全に抹殺《まっさつ》してしまったからである。筆者も戦前の名古屋に生まれ、高木博士の生まれられた近くの町内で少年期をすごしたので、博士の文章を実感をもって読んだが、このことと関連して、筆者にもひとつの経験がある。

それは博士の文章を読んだのと前後して、大学院の史蹟見学旅行で、学生といっしょに名古屋市西郊の、ある名刹《めいさつ》を訪ねたときのことである。折悪《おりあ》しく住職は不在で、その母堂という婦人が応対に出られた。老婦人とよんでしまうには少し早そうな年配であったが、名古屋の旧市内ではほとんど聞けなくなったむかしの名古屋弁を、よくのこした人であった。だから、最初から語尾になものつく丁重なものいいに終始した。ところが、会話の途中でいつのまにか筆者に対するときだけ、なも言葉にえものまじっているのに気がついた。もちろん同席していた同僚や学生たちは、気づくはずもないわずかな変化であったが、あとから考えてみると、それは会話のなかで、偶然のことから筆者の中学時代の友人が、そのおばさんの甥《おい》にあたるとわかってからであった。

むかしの名古屋弁の語尾の、えもとなものつかいわけというのは、こうしたかたちであらわれる。おなじ町内に住む竹馬の友、ままごとの友だち、親しい小父さんや小母さんと子どもたちのあいだ、あるいは堅苦しい親類づきあいよりも、親の職業などさまざまな縁で家族あげてつきあっているような古いなじみのあいだで、一種の甘えをふくめながら、それを互いにゆるしあうようにしてえもの語尾がつかわれてきた。

敬語の発想

おなじようなことは、他地方の方言のなかに、いくらでも類例があると思う。より一般的なかたちでいうと、これは日本語の語法のもつ大きな特色のひとつとして、会話のなかでの敬語のつかいわけの呼吸のなかに、もっともよく示されている。敬語の用法は、手紙文のなかで相手に礼を失しない程度なら、なんとかボロを出さずにすますことができても、会話のなかとなると、けっして簡単ではない。敬語を操るには普通語に対する尊敬語、謙譲語、丁寧語と三通りに分類される語法を、そのとき、その場での状況に応じて複雑に織りまぜ、相手の顔と周囲の顔にあわせて機能させせなければならない。これが駆使《くし》できないようでは一人前の大人ではないし、電話もかけられない。人前で挨拶もろくにできない欠陥人間ということになる。

こうした世間の圧力に対して、もちろん反論はないわけではない。明治以来、多くの人によって批判が加えられてきた。その論点の中心は、これらの敬語の用法が、いまわしい封建的な身分意識と密接に結びあってきたということにある。それに加えて、英語では自分のことはすべてアイの一語ですます。ドイツ語もフランス語もみなおなじで、男と女の区別もなく、みないちようにおなじ言葉で自分をあらわしている。これに対して日本語では、ワタシ、ワタクシ、オレ、ボク、拙者、自分、手前、ヤツガレ云々と、気の遠くなるほどのつかいわけがあるとして、近代社会の手本であるヨーロッパの言葉を例にあげ、敬語を中心に日本語の語法の不合理さがくりかえし指摘されてきた。

たしかに、敬語が近代以前の社会にあって封建的な身分意識や制度とふかく結合し、繁《はん》文縟礼《ぶんじょくれい》の度を極点にまで進めてきたのは事実である。しかし、私たちのつかっている日本語は、封建社会の形成されるはるか以前から、日本語としての特色をつくりだしていたはずである。敬語の語法に代表されるような特色は、身分秩序のやかましい封建社会のなかにあって、社会のたてまえに合致するよう特別に磨きをかけられたのは事実として、すべてが封建社会の所産であるとは断言できない。その根元はもっとふかいところにあるだろう。先に紹介した古い名古屋弁のなもとえものつかいわけの話のなかで、対話している相手が自分の甥と中学校の同級生であることがわかると、本人自身さえそれと意識しないほど自然に、語尾がなもからえもに変化した過程を考えると、私たちが背後にしている伝統社会とその文化は、たんに敬語のつかいかたがやかましいだけでなく、会話している相手と自分との関係をはじめ、その場の状況のすべてにわたって、きわめてデリケートな配慮を自然のうちにする特性をもっていたといえそうである。敬語のつかいわけのむつかしさも、主としてこうした配慮のこまやかさを土台に、磨きあげられたのではなかろうか。一定の人物や事物と交渉をもち、コミュニケートするとき、とっさの間にその場の状況や、相手との関係に的確な判断を下さなければならない。当面するコミュニケーションの状況に関するあらゆるデータを、まるで電子計算機にかけるようにすばやく集積して判断を下し、それをただちに会話のなかにとりいれ、語法に微妙に反映させる能力は、私たち日本人が、ながい歴史のなかでつくりあげて、今日まで伝えたのではなかろうか。そうでなければ、自分をあらわす一人称の代名詞だけで驚くほどの数のある事実を、満足に説明できないと思う。古い由緒《ゆいしょ》のある町の、旧家とよばれるような家の老婦人の言葉遣いのなかには、ときにぞっとするほど冷たい身分意識の針が含まれていることがある。本人が自分でそのことを意識せず、ひたすら礼儀正しく無邪気にふるまっているほど、恐ろしさはひとしおであるが、そのような会話は、それだけ状況に対する本人なりのこまやかな配慮が、見事といってよいほど的確に語法として生かされている。この能力は、封建社会のなかで磨きをかけられたら、その身分制度と不可分の関係になるのは明らかである。それが今日まで私たちの短所となり、日本語の不合理さの根源になっている点を批判するのは容易である。けれども、この能力をそれ自身として評価するのは、たとえいまになって長所に転化するのはむつかしいとしても、やはりたいせつな作業ではなかろうか。

むらの談合

古代社会と中世以後の封建社会とは、おなじく近代以前といいながら、社会体制には質的な相違があった。必然的に、人々の日常会話での言葉遣いにも、大きな変動があったと推測される。

古代社会にあっては、人々はその所属する氏族や種姓によって奉ずる神のちがうのを原則とした。人の尊卑もまた、奉ずる神と、神の名による血縁によっておのずから定まり、序列されていた。これに対して中世以降の封建社会では、血縁はけっして無条件の前提ではなく、氏族も種姓も名目上の存在にすぎなかった。たてまえはどうであれ、実質は社会的経済的、ないし政治的軍事的な現実の力を前提とし、そうした実力によって主《しゅう》と頼まれたものと、その従者のあいだの御恩と奉公をもって、社会組織の基本的な紐帯《ちゅうたい》とした。それは一種の誓約であり、この世での契約であったから、つねに特定の儀礼によって主従の絆をかためあい、契約の更新をはかる必要があった。悠久の太古以来、神と神を奉ずる族団の名によって人と人の関係が決定していた古代とちがい、従者は主人のもとに定期に伺候して御機嫌をうかがった。返報として主人の側もときに従者の屋敷を訪ね、ここに主従の固めの盃を中心とする座敷の儀礼と作法が、封建時代に入って急速に発展した根拠があった。必然的に新しい言葉遣いも、これに応じて成立したろう。

古代社会にくらべれば、封建社会ははるかに流動的で、かつ人為の体制であった。身内どうしの対話でなければ、奉じている神の名で断絶しあった族団相互の交渉や、命令と服属が古代の言葉であったとすれば、封建社会における主従の固めの席での言葉は、そのいずれにも相当しない。まして、同盟者や朋輩《ほうばい》列座の席ともなれば、なおさらだろう。そこにはもとより限定詞つきの意味ではあるが、古代人の知らなかった新しい政治と、社交が発生している。対話の場の状況に対するこまやかな心くばりを、的確に語法のうえにあらわして効果を見定め、状況をひらいてゆく能力と習性は、この時点で大きく飛躍したにちがいない。茶の湯やいけ花をはじめ、現在、私たちが伝統芸能とよんでいるものの大部分は、中世以来、座敷での封建的な主従固めを中核とする儀礼、社交と接客をめぐって発展してきた。日常会話での人々の言葉遣いも、その例外ではなかったろう。封建時代を通じて日本語の敬語の体系は、さまざまな礼儀作法とならび、芸能の一分野とよんでよいほど洗練され、磨きぬかれたのも自然のなりゆきであったと思われる。

しかし、このような封建社会も、いっぽうでは近代以前という意味で、その根底には農・山・漁村において自給自足をむねとした。強固な地縁の共同体をもち、たえず再生産していた。それらは封建社会のものである以上、封建的な階級関係につらぬかれ、封建的な身分意識に覆われていたのは当然であるけれど、共同体の機能という点に即してみるならば、原始古代以来のものを、それ自身のなかに濃厚に継承していたろう。そして、このような共同体のありかたについて考えるために、たいへん興味ある話を、宮本常一氏はつぎのようにのべていられる(「対馬にて」『忘れられた日本人』所収、昭和三十五年、未来社刊)。

宮本氏の体験

氏は民俗学者として、現在まで調査の足跡のもっとも広く及んでいる人といわれるが、ことは第二次大戦後まもなく、九学会連合の調査で長崎県の対馬にいかれたときの話である。対馬の北端に近い西海岸のある村で、むかしからの村の申し合せや、覚書の類を納めた帳箱が伝えられていた。ここで村というのは現在の行政村ではない。藩制村とよばれるむかしの村のことで、いまは正式には町村の大字《おおあざ》に相当する区とよばれているので、帳箱に入っている古文書は正確には区の共有文書である。そのため、帳箱の鍵は区の代表者である区長が預っていた。ところがこの箱を開けるときは、かならず総代とよばれる人がたち合い、二人であけることになっていた。というのは、この村では区長の役はむかしの郷士の家筋のものにかぎられ、旧藩時代の下知役《げち》という役目を継承するものとみられていた。下知役とは字義に従えば上意下達の役である。いっぽう、郷士に対する百姓身分のことは、農中とか公役《くやく》人とよばれた。農業をいとなみ、公役＝年貢賦役を負担するものとの意味で、その代表は江戸時代に肝煎《きもいり》とよばれ、明治になって総代と改められた。この総代は区長を補佐し、二人はコンビになって村中のことをとり仕切ってきた。帳箱の管理もそのひとつというわけである。

だから、この村は外からみると、したがって公的にみれば、郷士とよばれる在村の士族と、彼らに率いられる一般農家によって構成されてきたことになる。けれども、その中身をみると、郷士も一般農民も、身分の上下や資産の大小などとは別の次元で、両者はひとしく村落の成員であり、それぞれ寄りあって一個の地縁村落、ないし地縁共同体を構成してきた。区長と総代とのコンビの意味するところは大きい。そして宮本氏は、この村で区長と総代との同意をもとめ、二人のたち合いのもとに帳箱をあけて区有文書を閲覧したが、旅の疲れがひどくて筆写の能率があがらないので、必要なものについて貸出してもらえないかと頼んだ。すると村（区）のものだからみなの意見を聞かねばならないとのことで、ちょうど村の寄合いが開かれているから、そこでみなに相談してみるとの返事であった。

区長は借用を依頼した古文書を持って寄合いの席にもどったが、昼もすぎ、午後三時になっても返事がない。その寄合いというのが、なにを協議しているのか、まことに不思議なものであった。宮本氏がこの村に着いた翌日の朝早く、ホラ貝が鳴って寄合いがはじまっていた。宮本氏が区有文書を貸出してほしいとたのんだのは、村に着いて三日目、寄合いがはじまって二日目の朝であった。その場所は鎮守《ちんじゅ》の森にあり、そこに村（区）の人が集まって、えんえんと一昼夜以上もつづいていた。しびれを切らした宮本氏は、つぎの調査予定地にいく時間も迫っていたし、反対意見があって協議が難航しているのかと思って、寄合いの席まででかけていった。

ところが、事態はまったく予想に反していた。宮本氏の表現をそのまま引用すると、会場には板間に二十人ほどすわっており、外の樹の下に三人、五人とかたまってうずくまったまま話しあっている。雑談しているように見えたがそうではない。事情をきいてみると、村でとりきめを行なう場合には、みんなの納得のゆくまで何日でもはなしあう。はじめに一同が集まって区長からの話をきくと、それぞれの地域組でいろいろに話しあって区長のところへその結論をもってゆく。もし折り合いがつかねばまた自分のグループへもどってはなしあう。用事のある者は家へかえることもある。ただ区長・総代は、きき役・まとめ役としてそこにいなければならない。とにかくこうして二日も協議がつづけられている。この人たちにとっては夜もなく昼もない。ゆうべも暁方近くまではなしあっていたそうであるが、眠たくなり、いうことがなくなれば帰ってもいいのである。

連想の環

まことに徹底した長期戦である。眠たくなれば眠り、お腹がすけばたべに帰り、むかしは家から弁当を差入れたともいわれる。したがって、こうした場でなされる協議はまさしく話しあいのための寄合いであり、手に汗をにぎるような甲論乙駁《こうろんおつばく》の筋を追った議論とは正反対のものであった。いくつかの議題を、まるで連歌会のように列席者が思いつくまま、連想によって転がしてゆく。そもそも連歌というのは寄合いの席での文芸であり、芸能であるから、伝統的な寄合いの席のもっている原理、その運営の方式を具象化し、体現しているのであろう。ひとつ以上の主題から発した集団の連想の環が、じっくりと腰を落ちつけ、展開するのを味わっているうちに、やがて帰すべきところにもどってゆき、すべてのものの納得のうちに終結する姿は、論理の次元とは別に見事な調和を示している。

宮本氏が借用しようとした区有文書に関する寄合いの席での発言も、右の趣旨そのもののかたちをとっていた。宮本氏があとから聞いた話によると、九学会連合の対馬調査にきている先生が、村の古文書を貸してほしいといっているがどうしようかと、区長が寄合いの席にもちだしたのはその日の朝であった。そのときは、いままで一度もないことだからみなでよく話しあってきめようということになり、話題は他の協議事項に移った。そのうちに、ある老人が、むかし、この村の旧家に伝えられている文書を、その家の親類のものが借出したまま着服し、自分の家を村いちばんの旧家に仕立てあげたことがあるといった。それについて関連のある話が列席者のあいだでひとしきりかわされたが、やがてまた別の話になった。しばらくして、古文書を見せてやってもよいではないかとの意見が出され、家にしまってあるものを見る眼のある人に見せたらよいことがあったという話も出て、世間話がつづいたが、また別の話がはじまった。

待ちくたびれた宮本氏が、しびれを切らせて寄合いの席に出向いたのは、この直後であった。そして、宮本氏が顔を出すと、一人の老人が、この人は悪い人ではなさそうだから話をきめようではないかと、かなり大きな声で発言した。すると、戸外にいたものもなかに入ってきたので、宮本氏は帳箱のなかにある古文書の内容をかいつまんで説明し、あわせて調査の目的も披露した。そのなかで、むかしはクジラが獲れると、若い女たちが美しい着物に化粧して見にゆくので、そういうことをしてはいけないと村で定めた書付があるというと、それからクジラの獲れたころの話に花が咲き、かれこれ一時間もたった。それから一人の老人が、どうだろう、せっかくこられたのだからこの文書を貸してあげたらと切りだすと、あなたがよいというならといった意見が出され、ようやく貸してもよいとの結論になり、その場で借用証を書くことができたとある。

こういうのんびりした会議の進めかたは、古いかたちの村の寄合いであったとされる。自然に結論らしいものに向けて落着くよう、絶対に無理しないで気長に話しあっていたら、どのようにむつかしい問題も、三日すればたいていかたがついたという。これについて、宮本氏はつぎのように結論づけていられる。

日本中の村がこのようであったとはいわぬ。がすくなくも京都、大阪から西の村々には、こうした村寄りあいが古くからおこなわれて来ており、そういう会合では郷士も百姓も区別はなかったようである。領主—藩士—百姓という系列の中へおかれると、百姓の身分は低いものになるが、村落共同体の一員ということになると発言は互角であったようである。同じ対馬の北端に近いところで、古文書を見ていたら、三百年近いまえの文書に宗氏（対馬の領主——引用者注）の一族にあたる郷士の家が寄りあいに下男ばかり出すのはけしからぬと非難した文書があった。するとそういう会合に普通なら郷士の旦那も出ていって一人まえの顔をして話しもし人の言い分もきかなければならなかったものと思われる。郷士が被官《ひかん》や卒士《そし》を持っておれば、それらの従属者にはずいぶん威張りもしたであろうが、一般村人となれば、別に主従関係はないのだし、寄りあいをサボれば村人から苦情の出るのはあたりまえである。といって郷士と百姓は通婚できなかったり、盆踊りに歌舞伎芝居の一齣《ひとこま》のできるのは郷士に限られていたり、両者にいろいろの差別は見られたのである。差別だけからみると、階級制度がつよかったようだが、村里内の生活からみると郷士が百姓の家の小作をしている例もすくなくなかったのである。そしてそれは決して対馬だけのことではなかった。そうなると村里の中にはまた村里としての生活があったことがわかる。そしてそういう場での話しあいは今日のように論理づくめでは収拾のつかぬことになっていく場合が多かったと想像される。そういうところではたとえ話、すなわち自分たちのあるいて来、体験したことに事よせて話すのが、他人にも理解してもらいやすかったし、話す方もはなしやすかったに違いない。そして話の中にも冷却の時間をおいて、反対の意見が出れば出たで、しばらくそのままにしておき、そのうち賛成意見が出ると、また出たままにしておき、それについてみんなが考えあい、最後に最高責任者に決をとらせるのである。これならせまい村の中で毎日顔をつきあわせていても気まずい思いをすることはすくないであろう。と同時に、寄りあいというものに権威のあったことがよくわかる。

村の安全弁

長い引用になったが、これですべてが尽きているといってよいだろう。上記の宮本氏の所論のうち、村落共同体と封建的身分秩序の関係、とくにその地域的偏差の問題などは今後の解明にまたねばならないことも多いが、生まれた村のなかで家の稼業を継ぎ、そこで生涯を送ってきた人たちが、せまい村のなかで毎日顔をつきあわせていても気まずい思いをしなくてすませるように採用していた上記のような会議の進めかたは、かつて近代以前の社会に存在した共同体のすべてを象徴しているといってよい。体験にことよせながら自分の思うことを表明した寄合いの席では、村のいい伝え、むかしからのしきたりについて語りあうのも先例重視の懐古趣味ではなく、会議を先に進め、出席者の意志統一をはかるための重要な手段であった。結果として諸種の伝承がつねに村人の共有財産となり、久しく保持された原因にもなった。そして、論理の筋道だけで決着をつけることをひかえ、列座のもののすべてが自然に話題に参加するようにしむける。実際に発言するしないは別として、一座のものが共同でいくつかの議題をとりあげ、連想のおもむくまま世間話のようにして転がしてゆけば、話題がふくらむにつれ、すべてのものがそれに参加したという実感を抱くだろう。協議の結論よりも結論にいたるまでの過程を重視する姿勢がそこに貫かれ、それは村の成員すべてに疎外感を抱かせないためのゆきとどいた配慮である。

共同体というのは生産力の段階が低く、村内各戸、各人の自立が不可能であった時代におのずと成立し、存在したというような単純なものではない。近代以前の社会に強固に存在した地縁や血縁、ないしは職能縁による各種の共同体というと、それに反逆し、それと闘うことで自我の独立を獲得してきた近代人は、共同体をもって人間の意志とは無関係に、自然のうちに存在した所与の条件のように思いがちである。だが、そのような共同体は、その存在が必要であった時代には、所属する人たちの手で慎重に育てられ、維持されてきた。共同体的平衡《へいこう》感覚とよびうるような意識、無意識の配慮によって、すべてのものがその成員として安住できるように計画されていた。そのための用意が惰性となり、非人間的な無用の長物になってしまったそのときに、近代人の抵抗がはじまったわけである。共同体とは元来すぐれて人間の意識の所産であり、文化の営みであった。それを動物の群れに類似したもののように考え、一律にとりあつかってよいものではない。

動物の群れといえば、サルでさえ雄ザルは一定の年ごろに群れをはなれ、一匹ザル、はなれザルとしてすごす期間があると聞いている。人間の場合、むかしも村のあつまりのなかで怒りをふくみ、村に反逆して脱出したものはいくらでもいた。これについては後にもういちどふれるとして、みずから恨みを抱くだけでなく、もっとも力よわいものが仲間から有形無形の迫害をうけ、その結果やむなく脱落した例も少なくなかった。けれども、いっぽうではそのようなものの発生をくいとめ、不平のあらわれないように村を運営するのも人間の知恵である。とくに祖先たちが久しいあいだ村の生業の中核にしてきた水稲耕作は、ほかにくらべていちだんと生産性にすぐれ、日常生活の次元では早くから農民家族の自立を保証してきたが、灌漑《かんがい》・排水などの稲作に特有の生産環境をつくり、保全するためには、村落民の強固な団結と共同を、つねに必要としてきた。

そのような村落民相互の協力関係は、必然的に近代社会での権利と義務にもとづく契約とは、根本的に相違していた。おなじところに生まれつき、生涯をともにすごすものが結びあうところの、運命をひとしくする関係であった。だから、それを円滑に維持し、再生産してゆくための配慮は、おのずと理性の及ぶ範囲を超え、あるいはそれ以前の、村の成員個々の実存そのものに発する紐帯《ちゅうたい》に、直接かかわってくる。個々の村落内に蓄積されてきたさまざまな経験、村落の共同を維持するための生きた体験は、理屈によって整理し、普遍化したらかえって生命が失われてしまう。ことわざのようなもので象徴的に示すのでなければ、生活の様式や型に凝結させ、それを無条件に共同体成員に習得させ、反射的な行為となってあらわれる習性にしないと、その真意は正しく伝えられなくなる。先にのべた敬語の背景になっているような語法、対話の相手とか、その場の状況に応じて自然に言葉遣いの変化する習性のなかに、ひとつの事例をみることができる。これを無造作に一括して人の気色をうかがう卑屈な習性ときめつけ、反対に、すぐ人を見下して顎《あご》でつかおうとする封建的身分意識の名残りと批判するのは容易である。けれども、そのようなものに仕立てあげられ、整形される以前のより根源的なものは、共同体を維持する必要から生まれた生活の知恵であり、無意識のうちに保持されてきた独得の平衡感覚のあらわれとして、大切な安全弁であったと考えられる。

2　間道の実態

ことわざの論理

都市・村落を通じて、むかしは共同体社会の内部に、寸鉄人を刺すことわざの類が、じつに豊富に用意されていた。成員個々のちょっとした行為や発言が、共同体内の一定の埒《らち》をこえ、よきにつけ悪しきにつけて人目をひくと、長老や先輩たちの口からすかさず状況に密着した評言として、ことわざの類が飛びだす。おのずと成員たちの言動はあるべきようにコントロールされ、群れのうちに異端者の生まれる萌芽《ほうが》は、未然のうちに摘みとられることになる。人々はこうして他人からつまはじきにならないように、人前で嗤《わら》われて恥をかかないように子どものときからしつけられ、これが共同体内での教育の大本であった。ことわざとは人の生きざまの示すさまざまな局面を、型として表現するものであった。親や師匠・先輩の仕事ぶりを見よう見まねで身につけ、型を反復練習することで極意を会得《えとく》するシツケ（躾）教育の原則は、生活のあらゆる分野で実施されてきた。

このことから、町や村に伝承されている各種のことわざに対する評判は、いまではまことに芳《かんば》しくない。人の創意をくじき、個人の自由をはばむ共同体規制のあらわれというわけである。事実、「怠け者の節句働き」とか「泥棒を見て縄をなう」といった類の言葉は、つかいようで人の揚げ足とりとなり、背後から切りつけ、足をひっぱる仲間どうしの悪質な妨害ともなる。けれども、これらのことわざは、それぞれ単独にとりあげて、その機能を評価するのはまちがっている。というのは、たとえば「長いものには巻かれよ」というのがある。封建的な無気力さをあらわすものとして、いつも例にあげて指弾されてきた言葉であるが、いっぽうではこれと正反対に「一寸の虫にも五分の魂」といい、個人の意地を示すものもりっぱに存在している。要するに、ことわざはAを説けばかならず非Aをいうものがあり、それらたがいに相反しあうものを集めて束にしたもの、個々のことわざを積分したものが、自戒・他戒の金科であり、玉条として、共同体内の生活の枠組であった。

すでにのべたとおり、シャモジは主婦権という分析的概念をあらわすのではなく、現実に家政を担当している主婦たちの、具体的な全体像を象徴してきた。主婦のもつさまざまな属性、ときに矛盾しあうものが、そのまま一括してシャモジによって示されているわけである。ことによせて説くというのも、これとおなじ論理構造によっている。事態の本質を一直線にさししめすのを避けて、体験譚、先例、ことわざなど、もろもろのものにことよせて暗示し、象徴させ、黙示的な暗喩によって間接的に説き明かすのが、近代以前の共同体内部の論法であった。ひとつひとつのことわざは、それぞれ人の世の真実のもつ個々の側面を照射し、真実はこれらことわざ群の全体で象徴され、その束の中間に浮かんでいる。それらは共同体の機能が正常に作動しているかぎり、その内部の平衡感覚によってあるべきように存在してきたわけである。

だから、自然の災害や戦乱、その他の外部の要因によって個々の村落生活が破壊され、あるいは経済の進展にもとづく近代化で各種共同体の存立基盤が失われ、その無用の長物化がすすむと、そこに伝承されてきたことわざ群の束も解体し、そのひとつひとつが暴力的な力を発揮して人の日常に干渉し、抑圧したりする。共同体的平衡感覚を前提とすることよせ論理の解体であり、退廃過程の進行である。そして、共同体成員の日常生活に即して存在してきた暗黙の諒解が失われ、それを支える客観的根拠がなくなっているにもかかわらず、あたかもそれがあるかのようにふるまい、ことよせの論理がまかりとおると、それは人を思いがけないところにひっ張ってゆくデマゴギーになる。でなければ、成員個々の自由を抑圧する時代遅れの共同体的桎梏《しっこく》ともなる。ことよせの論理を支えてきたことわざ群の評判が、近代に入って急速に悪化し、警戒の眼をもって見られるようになったのも当然のなりゆきであった。

安住の律動感

だが、村の寄合いでいくつかの議題を列席者の協力によって展開させ、すべての人が関与するなかで落着くところへむけ、じっくり時間をかけて導いてゆく配慮は、ことよせの論理に乗せることで、はじめて実現できるだろう。そうした作用が正常に働いているかぎり、そこで語られる言葉は、人々に「ついの住処《すみか》」というべき安住の地を示す心よい律動に満ちている。その歯車がひとつはずれたら、その言葉ほど人の心を傷つけるものはない。対話する相手とか、その場の状況で自然に言葉遣いの変化する習性も、ことよせの論理が正常に機能するかぎり、その特性をすなおに発揮する。

　私たちのエゴの本性、その原質とよんでよいものは、こうして各種共同体のなかに住みつき、特有の平衡感覚に支えられて生きてきた。もう少し具体的にいうと、上記のことよせの論理とか、それと表裏の関係にある言葉遣いのリズムのなかに安住しきっていた。現在でも、私たちは自分の生まれて育った土地の方言を、場ちがいのところで耳にしたりまねをされると、しばしば言葉にならない索然《さくぜん》とした気持ちになる。これはその言葉によって自分自身のエゴの原質が手厚く支えられてきた記憶、その律動感が、外からの力で攪乱《かくらん》されるからだろう。日ごろ分析的論理を駆使するのに習熟しているはずの私たちも、思いがけなくその筋道を見失うことがある。そのとき代って登場するのはかならずことよせの論理であり、それらは超論理といった新しい身なりをしていても、その実質はよきにつけ、悪しきにつけて古風なことよせの論理とあまりちがっていない。おなじように、私たちの日常の意識の底には、方言をめぐる鋭敏な感受性がいまも濃厚に伝承されている。これもことよせの論理と対応して、古く生活のあらゆる分野に存在した共同体的平衡感覚の名残りといえるだろう。その律動感を無視した発言は、どれほど真実を語っていても、人々の拒絶反応の前に力を失ってしまう。精神の平安を乱す外部からの暴力として、作用するからである。

私たちは、共同体のない世界など想像もできなかった祖先たちの、生活意識の本質部分を探るのに、かならずしも遠くまででかける必要はない。共同体の手厚い保護をうけ、そのなかに安住しきっていた成員個々のエゴの本性や、その原質とよべるものは、意外に現在でも、私たちの身近に存在している。

塩買いのルート

しかも、こうしたエゴのありようは、それぞれ個々のエゴが所属し、すべてを預託していた各種共同体の、社会全体のなかであたえられていた地位、したがって、社会のコミュニケーションのシステムといった面からも、ある程度たしかめることができる。

たとえば、学生時代に岩手県一関市出身の友人から聞いた話である。当時は第二次大戦直後の窮乏時代で、ヤミ物資とそのとりひきの横行していたときであった。友人の郷里の農家では、漬物や味噌をしこむ季節になると、馬の腹掛けのなかに米をしのばせ、背のほうには野菜など統制外の通常の品をつけて表面をごまかし、県境の峠をこえて三陸海岸の気仙沼あたりの漁村まででかけた。そのあたりで米と交換に自家製のヤミの塩を手に入れて、おなじように貴重品であった魚などといっしょに村にもち帰るためである。汽車を利用すると、駅前あたりで警官の検問にひっかかり、米などの統制品は没収されるので、こうした手段がとられたわけであるが、その峠越しの道というのは、むかし旧藩時代、一関藩と隣藩の南部や伊達との境目を縫い、ダンコとよばれた駄馬に気仙沼海岸の魚や塩の荷をつけ、一関から水沢あたりまで運んだ古い交易ルートであった。鉄道の開通で消滅していたのが、戦後の混乱期に復活したわけである。

日本における塩の生産というと、江戸時代に潮の干満の差を利用して海水を塩田にみちびく入浜《いりはま》式製塩法が発明され、これにもとづく瀬戸内沿岸の塩田で生産された塩が、しだいに全国の需要を賄《まかな》うようになったとされている。しかし、これは世間の表向きのたてまえで、社会の上層はこのとおりでも、末端と底辺部では、かならずしもそうではなかった。揚浜《あげはま》とよんで海水を手桶にいれ、人力で塩田にはこぶ中世以来の製塩法と、それに対応するむかしからの塩の流通経路は、一部ではあるが久しく生きのこった。瀬戸内製塩地帯から遠くはなれた東北や、北陸地方などはもちろんのこと、たとえば瀬戸内に隣接する京都府下でも、丹後の宮津の東にあたる栗田《くんだ》の浜など、山陰地方に属して気候的に大きなハンディキャップがあるのに、日露戦争中の明治三十八年（一九〇五）、政府の手で専売制度が実施されるまで、古い揚浜法による製塩が行なわれていた。「山椒太夫」で有名な安寿

むかしながらの方法で稼業している能登の揚浜塩田、
石川県珠洲市仁江町

姫が、潮汲みの労働をさせられた由良の浜もこの近くであるが、栗田の塩をざるに入れ、天秤棒《てんびんぼう》で前後に荷なって振り売りする塩売りの姿は、近くの舞鶴（旧称田辺）の町でいつもみかけた。内陸部の綾部の町付近の山の村では、むかしから栗田の塩は安く、ものがよいといって、この行商人をめあてに舞鶴の町まで塩買いにいった。

昭和九年（一九三四）から三年間、柳田国男門下の民俗学者たちの手で、はじめて総合的な山村民俗の調査がこころみられた。その結果は、『山村生活の研究』という名の書物にまとめられている。おなじころ、渋沢敬三の手で『塩俗問答集』も編纂され、公刊されている。このとき調査の対象になった山村の多くは、古い時代の塩の入手法、入手経路について、まだ鮮明な記憶をとどめていた。塩が政府の専売になって三十年しかたっていなかったから、当然といえば当然であるが、その記憶というのは、塩の道は海岸から一直線に内陸にむかっているといわれる塩買いや、塩荷のルートについてである。それによると、山の村に住む人たちは、いちばん近い海浜に所在する塩浜の人たちと直接に契約し、物々交換その他の方法で必要な量だけ塩を手に入れた。それでなければ、塩浜と山の村のあいだを往復する行商人たちから、おなじようにして入手した。海水を素焼のつぼにいれて直接に火で煮つめる原始の直煮法はともかく、古代の藻塩焼きにつづいて中世にはじまった揚浜の塩田は、六七ページの写真のように、いまも石川県能登半島の、外海に面した仁江の海岸（珠洲《すず》市）で保存されている。この方式の塩田は、以前はかなり寒い北国まで分布し、ちょうど下等動物の皮膚呼吸のように、全国いたるところの海岸に塩田がつくられ、そこでつくられた塩を少しずつ内陸の村々にはこぶやり方は、意外に新しい時代まで各地でみられた。

よみがえった経済動脈

近年になって電力に依拠するイオン交換樹脂法が開発されるまで、製塩には一貫して大量の燃料を必要とした。瀬戸内製塩地帯では北九州にならい、石炭のことを五平太とよんで、その利用は江戸時代にはじまった。最初は山口県の防府（三田尻）の塩田という。だが、瀬戸内以外の小規模の揚浜塩田では、いつまでも薪を燃料とした。それを供給するのは山の村であったから、塩は薪とひき替えに特定の塩浜から入手したという山村は多い。そのため、山林を伐採《ばっさい》して薪をつくることを、「塩木をなめる」といったところもあった。あるいは山での仕事唄に、「塩買節」というのがあり、それをうたいながら山で薪づくりした村もある。塩を手に入れるのは、いつも年間の定まった季節で、一定の量を入手して、味噌や漬物をしこんだ。その場合、たいてい隣近所でさそいあい、組をつくって塩買いにでかけ、牛の背や自分たちの肩で担いでもどった。でなければ、村へやってくる行商人から入手したが、それを個々の家ごとに単独にするようになったのは新しい。村の中心になる旧家を塩宿に定め、そこへ米や麦などをもち寄り、集団で交換するのが古いかたちの塩の入手法であった。

右の塩宿の話は『塩俗問答集』にあり、三陸沿岸の塩浜から塩を牛の背にのせ、盛岡近郊の村にでかけた塩売りたちは、いく先々の村に塩宿をもっていた。つぎの塩荷はいっくるといって塩宿から村内に触れてもらい、とりひきは塩宿で行なった。京都府の栗田《くんだ》（宮津市）の塩の話は、昭和三十九年（一九六四）の夏、綾部市於与岐《おょぎ》町大又（もと何鹿《いかるが》郡東八田村）へいったとき、明治七年（一八七四）生まれの吉田長右衛門氏から聞いた話で、氏は塩が専売になったとき、すでに満三十一歳であった。若いころには隣近所といっしょに、田辺街道とよんでいた旧家づたいに舞鶴までいって、栗田の塩を買って帰ったという。だから、先の一関市近郊の農家の塩買いの話も、これとおなじものといえるだろう。第二次大戦直後の混乱は、短期間ではあったが、未曾有《みぞう》の敗戦によって明治以来の国家社会と経済の体制が、その中枢部《ちゅうすうぶ》を喪失した時期であった。高度に発達した脊椎《せきつい》動物にも対比できるような生産と流通の機構に障害が発生したのであるから、社会の一部に下等動物の皮膚呼吸に似た原始的な経済活動が復活するのは当然だろう。一関市近郊の農村での塩買いの話は、まさにそうした意味での古い塩買いルートの復活であり、海岸の塩浜と内陸の村々を直線で結んだ古い経済動脈の、明らかなよみがえりであった。

乞食峠とサンドさん

海辺の漁村、塩焼きの村と、内陸の山村とを一直線に結んだという道は、たいてい山坂をいとわぬ尾根道であり原始の踏みわけ道にはじまるもっとも古く、由緒のある道とみてよい。

筆者の住んでいる京都府の宇治市には、西国三十三カ所の霊場のうち、十番の札所である三室戸《みむろと》寺がある。巡礼の人たちは九番の札所、奈良の興福寺南円堂から三室戸寺に参詣《さんけい》し、ひきつづき北上して京都市と宇治市の境、山科《やましな》盆地の東南にあたる十一番の札所の上《かみ》醍醐《だいご》に詣り、山道を東南進して大津市の南郊の十二番の岩間寺、紫式部が『源氏物語』を執筆したという伝説のある十三番の石山寺にむかう。このうち上醍醐は醍醐寺の奥の院で、急峻な山道の頂上に准胝《じゅんでい》堂、如意輪堂、薬師堂があり、このうち准胝堂が十一番の札所になっている。三室戸寺から上醍醐にむかう巡礼は、近い時代はなるべく平坦な道をえらび、黄檗《おうばく》山万福寺の前から木幡山の長坂峠を越え、炭山という部落に出る。上醍醐は醍醐寺を本寺とする修験道当山派の霊場であるため、久しいあいだ女人禁制とされ、女性の巡礼は炭山にある女人堂に参詣して岩間寺にむかった。男の巡礼は炭山から上醍醐に登拝し、上醍醐の西麓にある醍醐寺には参詣せずに岩間寺に赴いた。

ところで、この三室戸寺から上醍醐への道筋は、古くは山道三十六町とよんで、西国巡礼のうちいちばんの難所とされ、その道は上記のコースとは少しちがっていた。三室戸寺近くに住む老人に聞くと、この寺のすぐ裏手に乞食峠とよぶ道があった。いきなり尾根道めがけてのぼる急坂で、はるか眼下に人里を見下す眺望のよい道であるが、三室戸寺の観音さんが最初に示現したところと伝える岩淵の上流の、べえるしゃの谷を跳んで渡らなければならない。ここは魔の住む谷といい、いつも通行する木こりたちも、ここだけは『心《しん》経《ぎょう》』を唱えて通った。近くで休んでいたら、ざあっと音がして笹のなかから大蛇があらわれ、必死に『心経』を唱えたらやっとむこうへいってくれたといい、青い顔して炭山の部落にたどりついた巡礼の話もある。こうしたこともあって、この道はだんだんと人が通らなくなったが、サンドさんとか、サンド坊さんとよばれる職業的な巡礼の坊さんのなかに、近いころまでこの道を通る人があった。

巡礼の道すじの農家は、門口にたつ巡礼にお米を両手ですくって施《ほどこ》し、これを手の内とよんだ。とくに霊場の近くでは、頼まれれば宿を貸す善根宿の風習があった。これは第二次大戦直前のころまであり、戦後はみられなくなったが、サンドさんとよばれる人たちは高度成長のはじまる前、昭和三十年（一九五五）ごろまでその姿をみた。西国一番の札所、紀州熊野の那智山あたりでは、年の暮から正月にかけて年籠もりする人という意味で、おサンドさん（お参人さん・お参籠さん）の名があった。それは諸国をめぐって熊野信仰をひろめ、年末に参籠するためにもどってくる熊野比丘尼《びくに》をさしたというが、宇治市内で聞くサンドさんは、行人姿の男の坊さんであった。この人たちは紀三井寺《きみいでら》組とか粉河《こかわ》寺組などといって、西国二番札所の紀三井寺や、三番の粉河寺などに所属し、信者の依頼で三十三カ所を巡礼した。身なりは白衣に黒の腰衣《こしごろも》をつけ、頭に饅頭笠《まんじゆうがさ》、白の手甲と脚絆《きやはん》にわらじばきで、富山の薬売りのような大荷物を背負っていた。その荷物は桐の中蓋《なかぶた》で仕切った柳《やなぎ》行李《ごうり》をいく段も重ね、なかには三十三カ所の観音さんの像や、鉦《かね》などの仏具が納められ、外には黒塗りの板がなん枚か重ねてたてられていた。

サンドさんのやってくる季節は春か秋であり、泊る家、宿を借りる家も定まっていた。夕方には少し間《ま》のあるころに到着すると、熊野比丘尼が泊った家で熊野権現の御正体《みしようたい》や、曼荼羅《まんだら》などの御開帳をしたのとおなじように、さっそく座敷を借りて、荷物をほどき、黒塗りの板を組みたてて三十三カ所の観音さんの像を安置し、信者から回向《えこう》を頼まれた故人の位牌や、写真を飾る。夕方に泊めた家の家族もそろって読経《どきよう》し、終わってお斎《とき》を出した。

翌日は朝食のあと、仏壇をかたづけ、荷作りして出発する。このとき昼食の弁当を渡した。いっさい無料奉仕で、なかには出発のときにわらじ銭を渡すこともあり、これが善根を積み、仏に結縁《けちえん》する行為と考えられていた。善根宿をし、とくにサンドさんを泊めた家は、それだけ生活にゆとりがあり、部落を代表する家であったが、そうした家の中年以上の人たちは、巡礼を泊めた記憶のない人でも、サンドさんについては鮮明な印象をもっている。

子どものころ、ふだん親のいうことをきかないと、サンドさんにつれていってもらうと脅された。子どもたちにとって、サンドさんはおそろしい人であったが、いよいよやってくると、大人たちは夜のお斎の用意に台所にたち、子どもたちは座敷で仏壇を組みたてるのを眺めていた。子どもたちに話しかけながら、サンドさんが柳行李のなかから美しい衣裳をつけた観音さんの小さな像をとりだし、黒塗りの棚に飾りつけるさまは、雛《ひな》祭りのような光景であった。日暮れどきにはじまる読経の席は、それなりに子どもたちを法悦《ほうえつ》境にみちびいた。村を訪れる旅人を常人に異なるという点で畏敬し、同時にこよなきものとして款待《かんたい》する上古以来のまれびと信仰の残影が、サンドさんを迎えた子どもたちのなかに生きていた。サンドさんは、村落を遍歴した宗教的遊行者《ゆぎょうじゃ》の最後の姿であったといえる。そして、一般の巡礼たちが険路を避け、なるべく平坦な街道を歩こうとするようになってからでも、サンドさんたちはもちまえの健脚にまかせ、三室戸寺から上醍醐登拝口の炭山まで、乞食峠の最短コースをとるものが多かった。乞食峠の乞食を、物乞いとか巡礼の没落した姿とみるならば、そのよび名は意味ふかいといわねばならない。

物乞いにしてもホイトにしても、要するに乞食はほんらいそれ自身が、ひとつの宗教的な行であった。人から布施をうけるのも、布施する人に仏縁を得させ、仏果を得させる行であった。それがいつしか賤しい行為となり、人から身を隠すことにもなっていった。

かくれ道の話

宮本常一氏は「土佐寺川夜話」（前掲書所収）のなかで、四国の山中で原始林の道をひとり歩いていたハンセン氏病のおばあさんに出会った話を記していられる。戦争がはじまったばかり（昭和十六年）の十二月九日のこと、愛媛県周桑《しゅうそう》郡小松町から高知県土佐郡本川《ほんがわ》町の寺川《てらがわ》へむかった氏は、県境のあるかなきかの細道を急崖をのぼったり、橋のない川を渡ったりして木深い谷を奥へ奥へと進んだ。その途中、原始林のなかで一人のおばあさんに出会った。病状もかなり進んでいたようで、たしかに女性であったが、一見して男か女かみわけもつかないぐらいであった。ぼろぼろの着物に風呂敷包みを肩から腋《わき》に襷《たすき》にかけていた。おばあさんはカスレ声で伊予までの道をたずねたので、どこからきたかを聞くと阿波からと答えた。そして、こういう病気では人の歩く道はあるけず、人里も通れないので、こうした山道ばかり歩いてきたといい、四国にはわれわれのようなものだけの通る山道があるといったという。

宮本氏が到着した先の寺川で、道中の話をすると、土佐国の北端、伊予との国境に近い山中の村である寺川では、むかしから山林盗伐にやってくるのを監視するのが、ひとつの役目であった。盗伐をみつけると鉄砲をうちあげ、それを合図に村中が総動員でかけつけると、山中には思いもかけないところに道があり、村人のまったく気づかない往還がある。癩患にかかった人が人目をさけ、そのような道を歩いていても、不思議ではないとのことであった。近代的な治療体制のつくられるまで、ハンセン氏病者のたどらねばならなかった道は、悲惨をきわめていた。不治の業病《ごうびょう》とみなされていたから、親類縁者に累のおよぶのが極端に怖れられた。彼らは因果をふくめられ、肉親とひそかに生き別れして廻国巡礼の旅にたち、四国八十八カ所の遍路に出て、死ぬまで郷里に帰ることなく霊場をめぐりつづけた。こうした遍路はふつうの人とちがい、民家の門口に立って施《ほどこ》しはうけても、善根宿をたのむことはできない。霊場近くに設けられている無料宿泊施設としての通夜堂も、五十四番の札所、伊予の延命寺（愛媛県今治《いまばり》市阿方《あがた》）にあるような病人を泊めるための特別の通夜堂以外は、同宿の人たちから利用を拒否された。

結局、夜は寺の縁の下などで横になり、野宿する以外になかった。寒い冬の季節は霜の降らない土佐の海岸、高知市南郊の浦戸湾の東と西にある三十二番の禅師峰寺（南国市十市）から、三十三番の雪蹊寺《せっけい》（高知市長浜町）にかけての海辺に、千人ちかくも集まったと伝えている。春になるとこの人たちは土佐を出て伊予にむかい、夏には今治あたりの通夜堂が満員になったという（前田卓『巡礼の社会学』昭和四十六年、ミネルヴァ書房刊）。この間、どういう道を通って移動したのだろうか。宮本氏は伊予と土佐の境、石鎚山の東麓、西ノ川山（愛媛県西条市）の山中でハンセン氏病の老婆に出会った話を別の書物でも紹介されたあと、この病気の患者だけの歩く道が、ふつうの遍路道とはべつに山中にあるとの話を、阿波の祖谷山《いややま》（徳島県三好郡）でも聞いたと記されている（宮本常一『山に生きる人びと　日本民衆史2』昭和三十九年、未来社刊）。それはかったい道とよばれ、この世から棄てられ、この世と交わるのを拒絶された人たちが、死ぬまでまわりつづける道であり、これを通るだけで四国八十八カ所が巡拝できるという。もちろん、これがその道とは、だれも確実に指摘することはできない。その意味ではある種の幻想であり、まぼろしの道かもしれないが、人里はなれた山中には、山林盗伐の盗人も利用するような、この世から身をかくした人の通行するかくれた道が、別個に存在するというのである。

かったい道の実情

かったいとは、一般にはハンセン氏病者をさす言葉として用いられた。これはもと傍居《かたい》であり、片居《かたい》であって、路傍にあって人の施しをうけ、物乞いする人のことをさしている。それがいつしか変化して、五体が満足でなく、歩行の不自由な人すべてをふくめてかったいとよぶ例のあらわれる反面、九州方言では癩患にかかった人をコジキとよんだところもある。こうした語義の拡大なり変動は、たんにハンセン氏病者が悲惨さという点で乞食者を代表する片居の人であったからだけでない。もちろん、のちには実質的にそうなったけれども、もともと乞食とは人に信仰をもとめる聖なる行為であり、乞食の人は常人にとって近寄りがたい存在であった。そのため、乞食がたんなる物乞いの行為に転落したのちも、乞食する人をもってなにか常人と区別し、これを忌《い》み憚《はばか》る風が濃く残留することになった。この世との交わりを断たれ、流浪《るろう》するのを余儀なくされたハンセン氏病者のイメージと、乞食の人のそれとがしだいに重なり、一方をもって他方を代表するようになった根本の理由は、このあたりにあった。

人里はなれた山中のかくれ道を、この世から疎外された不幸な人たちが、死を迎えるまで歩きつづけているというかったい道の伝承には、したがって、宗教的な幻想という側面が濃くまつわっている。現実に、常人にくらべて肉体的負目のはるかに大きい人たちが、通常の街道、遍路道をはずれた険路だけを歩けるはずはない。病者に対する原始以来の宗教的畏怖感にもとづくフィクションとみることもできよう。けれど、どのようなつくり話も、火のないところに煙は出ないのたとえのように、病者が実際に歩いていたかどうかは別にして、山中に、特別の人しか歩かないような隠れた道のあったのも事実であろう。

先に紹介した西国十番の札所・三室戸寺から十一番の上醍醐の登拝口である炭山までの、山道三十六町とよばれた乞食峠の道など、その例のひとつである。これが「乞食」の名でよばれているところに、四国のかったい道の伝承と共通するような、一定の宗教的心意がうかがわれるが、この道は、一般の巡礼が通らなくなったのちも、実際にサンドさんのような遊行の民間宗教家が、近い時代まで歩いていた。それは人里からはなれ、ふつうの人がつかわないという意味では、かくれた道のひとつである。けれど、けっして架空の道ではない。べえるしゃの谷のように魔が住むところはあるにしても、とにかく谷奥の沢地から鞍部に出て、眼下に人里をみおろしながら尾根づたいに歩く道で、人里からはなれているというのは、目的地への最短距離をえらんでいるから自然にそうなったにすぎない。谷の水流を見失わなければ鞍部に出られるし、尾根道にかかってからも、険阻《けんそ》さえいとわなければ眺望もよく、方角を見失うおそれが少ないという点で、よい道である。

日本のような山国で、四季を通じて豪雨や豪雪に見舞われることの多い国土では、道路はちょっと油断すると、洪水や土砂くずれで流失し、寸断される。気候も温暖で、せっかく踏み分けた道も、雑草や樹木が繁茂して消えてしまう。そのため、山の斜面とか、山腹を縫う道だけでなく、平坦地につくられた道でも、つねに細心の注意をもって管理していないと、すぐに道の役目をはたさなくなる。これに対し、乞食峠の道のように渓流の岩をつたい、尾根を歩く自然の踏みわけ道は、平地や山腹の管理された道しかしらないわれわれからみると、とうてい道とはいえないけもの道同然の道である。だが、この道は人工の度が少ないから、それほど注意深く管理しなくても、道としての機能は、逆に最低の線で安定している。そして、この種の道は、急坂と険阻をいとわずに出発点と目的地とを最短距離で結んでいるという点では、海の村と山の村とを一直線につないでいた古い塩の道とよばれるものと次元をひとしくしている。発生史的にみてもっとも古く、由緒ある道である。

3　道路の二重構造

非常の道は日常の道

『柳田国男集』巻二に収められている「東国古道記」に、「加賀様の隠し路」という話がある。加賀百万石の前田氏が、江戸と領国のあいだにもっていた秘密の連絡路のことで、その道筋には一定の距離をへだて、だれが建立《こんりゅう》したかわからない薬師堂や観音堂があり、仏壇の下の塗籠《ぬりごめ》に、食器や家具類が納めてあった。参観交替で江戸に詰めていた殿さまが、領国加賀へ逃げるときにつかうというのである。これはあまり時代劇じみた発想であるが、江戸三百年のあいだ、秘密の使者が江戸と国許を往復したことはあったろう。そのための地理をあらかじめ調査したことぐらいは、十分にあったはずである。この観点から地図を案じ、もっともありそうな道筋が考えられている。それによると、加賀藩に睨みをきかせている幕領の飛騨を敬遠し、警戒厳重な北の親不知《おやしらず》、明路《あけろ》の切処を避ける道となると、天正のむかし（一五八四）、佐々成政の佐良〳〵越えで有名な立山連峰の佐良《ざら》峠、北アルプスの針ノ木峠を越えて信州の大町に出て、そのまま北信濃を斜めに横断し、奥秩父から武蔵国にむかうルートがいちばん可能性がある。江戸と金沢とを脚の達者なものが急行するとすれば、これがもっともよいコースといい、これと関連して、信州や甲斐と関東、東海を結ぶ官道以外の間道について、いろいろ指摘されている。

ここであげられているような道は、いずれも表街道からはみえないかくれた道である。だが、けっして閑道ではない。近代的な交通機関が登場するまで、物陰ではいつもそれなりに忙しく、人々によって生きてつかわれてきた。たとえば、富山市の東南、常願寺の谷をさかのぼって佐良峠をこえ、いまは黒部第四ダムのために湖底に沈んだ平小屋で、黒部の谷を渡って針ノ木峠にかかる道は、ボッカ（歩荷）とよばれた荷担ぎの人たちが、越中の塩魚を信州にとどけてきた道であった。佐々成政もやみくもに雪中この峠をこえたのではない。平素から十分に調査ずみの間道を、非常のときに利用したものであろう。本能寺の変のとき、堺にいた徳川家康が、明智方の探索の目をかわし、わずかの供廻《ともまわ》りと伊賀越えで伊勢の白子に走り、そこから舟で領国に帰った話と同類である。

これらの捷径《しょうけい》は、支配者たちが政治的、軍事的支配の動脈として官道を開設し、表街道にふさわしいかたちで宿駅、伝馬の施設をつくる以前から、人々が日常生活の必要にもとづいて、自然に踏みわけた道である。だから、表の街道の設備が充実し、人間の交流と物資の流通のうち、官道に依拠する部分が多くなるにつれ、古い道筋がしだいに人々の記憶から消え、利用者の減少したのは当然のなりゆきであった。けれども、これらは実際に消滅したのではない。交通の動脈からはなれることになった辺鄙《へんぴ》な村々に、日常の最小限に必要な物資をとどける道として、細々とではあるが恒常的につかわれてきた。そして、ときには佐々成政の佐良〳〵越えのように、支配者たちが非常用の間道として利用すると、わずかにその名が文献に記録され、歴史の表面に浮かびあがるが、ほとんど大部分は歴史の水平線下に沈み、庶民の日常を陰でささえるネットワークを構成してきた。

すでにのべたような「塩の道」とよばれるものなど、その重要な例である。また、これらの埋没した道は、険阻《けんそ》さと、表街道に面した人里のにぎわしさから離れているという点で、山伏、修験の徒が山中抖擻《とそう》のため、このんで利用した。三室戸寺から上醍醐までの乞食峠の険路を、近ごろまで利用したサンドさんとよばれた人たちも、おなじく山伏の流れを汲《く》む人たちであったと推測される。そのため、この種の道にはしばしばこの世から隔絶したものの利用する道として、神秘的な色彩の付着することが多かった。さらには隠密、忍者、スパイの利用など、いわゆる隠し道の話題がまつわって、猟奇《りょうき》の眼でみられるようにもなった。しかし、その実質は、もっと着実な、庶民のかくれた日常に密着する側面を有していたことに注目する必要がある。

牛と馬のちがい

官設の街道のネットワークに対して、間道のそれの特徴は、民俗資料によるかぎり、馬よりも牛の背、さらには人の背に依存して物資が運ばれるという点にあった。牛は馬にくらべると反芻類《はんすう》であるだけに粗食に耐え、急坂にもつよい。人間の歩けるほどの道なら、かなりの山坂でも背に荷をつけ、いっしょに歩いてくれる。馬は機動力があり、馬力はあるけれど、牛にくらべてはるかに贅沢な家畜である。ヨーロッパの歴史をみると、中世の農業革命とよばれるものは、十世紀、フランス中北部からドイツ西南部にかけ、大型の重量のある有輪犂《すき》を数頭の牛や馬に牽《ひ》かせて耕作する方法が確立されたことによっていた。やがてそれにつかう家畜は馬のほうが、牛にくらべて圧倒的に多くなった。

なぜそうなったかというと、牛は粗食に耐え、粗悪な管理に耐えるかわりに能率はひくい。これに対して馬のほうは、よりこまやかな管理を必要とするけれども、その能率ははるかに高い。西ヨーロッパで十世紀末、十一世紀から農耕に牛をやめ、馬を多くつかうようになったのは、耕作の能率の向上したことをしめすとともに、家畜の飼育、管理方法の向上を意味するとされている。馬は牛よりはやく歩くばかりか、一日に一時間から二時間もながく働くことができる。このエネルギーのもとは飼料にある。牛は草をたべさせておけばよいが、馬にはオート麦をたべさせた。西ヨーロッパでは三圃《さんぽ》式農法が確立され、春まきの穀物であるオート麦を馬にたべさせ、秋まきの冬小麦やライ麦を人間がたべる方式ができあがるにつれ、馬を多くつかうようになった。アルプス以北のヨーロッパは、気候条件はきびしい。収穫を確保する第一の手段は、気候のよいときにすばやく畑を耕し、種をまくことであった。上等の飼料をたべるかわりに、よりはやく、より長時間働いてくれる馬の使用は、農業生産量の増大に決定的な意味をもっていたという（飯沼二郎『農業革命論』昭和三十一年、創元社刊）。この事実は、日本における牛馬使役の歴史を考えるうえで、重要な参考になるだろう。

もちろん、日本の事情はヨーロッパとおなじではない。牛耕は古代以来、畿内をはじめ西日本の平野部で行なわれたが、馬耕のほうは明治まで、きわめて少なかった。その理由について、日本の在来種の馬は体形が小さく、犂《すき》をひく力が十分でなかったからとの説もあるが、ことはそれだけではないだろう。たとえ馬格は小さくても、支配者たちは馬牧を整備し、馬の機動力と輸送力とを重視してきた。馬を農耕につかうことが少なかったのは、農民たちが飼育の手数と飼料のことを考え、どちらにするかというとき、牛をえらんだからと思われる。それに、畜力利用の耕作には、耕地の形状が大きく関連していた。

西日本の中心的な平野部の、開発の歴史の古いところでは、古代の班田収授のための土地区画である条里制はよく施行され、畦《あぜ》もまっ直ぐになっていて、耕地一枚の面積も大きく、むかしから畜耕も可能なかたちになっていた。しかし、すこし山間にかかると状況は一変するし、とくに東日本の耕地は、明治三十二年（一八九九）に耕地整理法が公布されるまで、平野の村でも水田一枚の面積は小さく、不整形で、畦も曲りくねっていて、およそ畜力による耕作など考慮に入っていない姿をしていた。そうした地方では、牛や馬を飼っても農耕に関係する面では堆肥《たいひ》を踏ませるとか、せいぜい収穫物を運ばせるくらいの補助的な仕事にしかつかわなかった。牛にしても馬にしても、飼育の主目的は街道における物資の輸送にあり、馬には支配者たちの騎乗用がこれに加わって、畜力と農耕との関係は、大陸諸民族のように大きくはなかった。

馬を通す道

しかも日本は山国のため、平坦な道路はすくなく、牛馬で物資を輸送するといっても、特定の都会とその周辺以外は、近代になるまで車両の利用はほとんどみられなかった。牛や馬が荷車をひくという姿はなく、荷物は人間の背でなければ牛や馬の背につける搬送《はんそう》がほとんどであった。そして、この運輸方式のなかで、牛と馬のちがいがはっきりと分かれていた。六世紀から八世紀にかけて、最終的には律令制というかたちで古代国家の完成がなしとげられると、都から九州大宰府までの山陽道と、東へむかう東山道は、国家の東西を結ぶ動脈、官道中の官道として開設された。「駅路」と書いて「はゆまじ（早馬路）」「はいまじ」と訓まれ、「飛駅上奏」という表現もあった。駅使《はゆまづかい》（早馬使）が駅馬をつぎたて、馬の機動力、耐久力を最大限に発揮して情報伝達の手段とした。牛はこういうところではまったく役にたたない。

大宰府は中央政府にとって大陸外交の触角であったから、山陽道を疾駆《しっく》した飛駅の数は蝦夷地侵攻、東国開発の幹線であった。これに対して東山道は、東国に産する良馬の貢上の道であり、『続日本紀《しょくにほんぎ》』によると、大宝二年（七〇二）に美濃岐蘇《きそ》山道が開かれ、十一年後の和銅六年（七一三）には美濃と信濃の二国の境は経路険隘《けんあい》、往還困難のため、吉蘇路《きそじ》を通じたとある。東海道は中部山岳地帯に水源をもつ水量の豊かな急流が多く、当時は下流に沼沢地が残されていて、馬匹輸送には適さなかった。ここに古東山道を改修して恵那山の南、神御坂の峠をこえて木曾から伊那谷に出る道、さらには木曾谷をそのまま遡上する官道が、東国と都を結ぶ最大の幹線として、中央政府の手で整備されることになった（藤森栄一『古道』昭和四十一年、学生社刊）。

時代はすこし下るが、十世紀はじめに編纂された『延喜式』によると、当時、御牧は全部で三十二、そのうち半数は信濃に所在しており、甲斐、上野、武蔵がこれにつづいている。そののち、馬牧はしだいに東北地方にひろがり、毎年、多数の東国産の良馬が東山道を通って都に貢上された。やがて源平の争乱期に入ると、東国産の駿馬に乗った多数の騎乗兵団の西進がなされ、彼ら東国武士たちの権力として新たに鎌倉に幕府が開かれると、東日本では鎌倉を中心に放射状に街道が整備された。いざ鎌倉というとき「鉢の木」の佐野源左衛門尉常世がしたように、鎌倉にむかって御家人たちが騎馬で馳せ参ずる道である。京都と鎌倉を結ぶ東海道に旅人の姿が増えはじめたのもこの時代であったが、信州南部から甲州にかけて鎌倉街道とよばれているものは、諏訪湖の北岸と南岸から九百メートルの等高線にそって、ひたすら南に走っている。その特徴は村落とはかならずしも関係はふかくなく、等高線をたどるので、遠まわりに迂回していても高低の差はあまり大きくない。川には橋をかけないですむよう、なるべく上流の浅瀬で徒渉《としょう》するようになっているという（前掲、『古道』）。

道に高低差がすくないというのは、そこを走る馬を疲れさせないための配慮である。橋をかけないというのは、この道がつくられたころの武家の権力は、川にいくつも橋梁《きょうりょう》をかけ、平常から管理できるほどに強力ではなかったからである。やがて中世の最末期になって、甲斐の守護であった武田氏が戦国大名に成長すると、甲斐から南信にかけ、「信玄の棒道」とよばれるものがつくりだされた。古い鎌倉街道のような軍用道路の原則を、もっと極端に実施した道であった。等高線にそってうねうね迂回する道を、むかしの人は箕の手とよんだ。これに対して新たに縄張りし、真直ぐにつけられた道を縄手（畷）とよんだ。信玄の棒道は畷道《なわてみち》の典型で、川には橋をかけ、目標へむけて直進していた。明らかに命令一下、驍勇《ぎょうゆう》をうたわれた甲軍の騎兵集団が、大量の馬匹に兵糧と弾薬をつけ、人馬一体となって押し出す道であった（前掲、『古道』）。こうした状況は、もちろん甲斐一国にかぎらない。どこの戦国大名も、戦国特有の富国強兵策を実施する以上は、大なり小なりその領国ごとに行なっていた。そして彼らの権力が、やがて織田、豊臣の政権から江戸幕府に統合されると、幕藩権力の手で五街道を中心とする全国統一の道路行政ができあがり、諸大名の参覲《さんきん》交替の道として、官道のネットワークが完成することになった。

街道繁栄の背後

ところで、古代から中、近世にかけて、公家、武家をとわず支配者の手で上記のように馬を通す街道がつくられ、馬をつかって荷物を運び、人が移動するようになると、街道筋には乗馬の客、荷駄をつれた客を泊める馬宿の設備が必要となる。牛はどこでも平気で横になり、人間といっしょに野宿できるが、馬は神経質で臆病なため、夜は馬宿のような安全な場所につないでやらねばならない。それに牛は道草で十分であるが、馬の旅には飼料の手配が必要である。古く旅宿のことを旅籠屋《はたごや》とよんだが、旅籠とは馬料をいれる籠のことで、旅籠屋とは馬料を用意し、馬をつれた旅人を泊める旅館という意味であった。薪を用意し、宿泊の場所を提供するだけで旅人に自炊させ、薪の代金（木賃）をとる木賃宿より上等の旅宿とされたのがはじまりであったという。

話は余談に近いが、日露戦争のとき、旅順開城にあたって守将ステッセルから良馬二頭を贈られた乃木大将は、のちに邸内に煉瓦造りのりっぱな厩舎を建て、大切に飼養した話が美談として喧伝《けんでん》されている。だが、馬を手厚く飼うのはむかしから武人のたしなみであり、その息災を祈る厩祈禱《うまやきとう》は古くからある。夏には蚊帳《かや》をかけて安眠させるなど、よい馬ほど神経質で、人間以上に手数を要した。乗馬はかならず二頭そろえ、交互に乗り替えるものとされた。明治、大正の陸軍の高級将校たちも、朝の出勤時に乗った馬は午後は休ませ、夕刻の退勤時には乗り替えの馬を使用した。これも武士の作法として伝来のものであったという。

したがって馬をつかえるのは、これだけの手数をかけたうえ、なおかつその機動力を利用したい人、利用しなければならない人にかぎられてくるのは当然であった。中世の鎌倉街道が、村落とはかならずしも関係なく、等高線にそって走っているのも、それが馬をつかう鎌倉御家人の道である以上、必然の姿であったといえる。古代の官道も、開設されたときは、おなじような姿をしていたろう。だが、こうした馬の道は、馬を通すために沢山の人手を必要とし、街道の要所要所に宿駅、馬宿の設備がつくられなければならない。そして近世に入ると、一般農村の生活水準がしだいに向上し、各地城下町の繁栄がすすみ、人と商品の流通が庶民生活の次元においても活発になりはじめた。このことから、農耕に馬をつかうのは依然として少なかったけれど、従来のように支配者たちの政治的、軍事的目的のためだけではなく、一般の商品や旅人を運ぶために馬をつかうことが多くなった。駄賃収入をめあてに手数と資金を投じて馬を飼い、牛にくらべて上等の飼料をたべさせ、街道に出て運輸業に従事するものが急速に増加した。十八世紀以来、信州一帯に活躍した中馬の組織など、その代表である。

街道での交通運輸というと、早く中世に車借、馬借の名がみえる。だが彼らの存在は中

央の都府周辺にかぎられ、その業務は荘園領主の所在する京都や奈良へ、貢納物を中心とする物資輸送であった。荘園文書によると、平安後期以降、荘園内の有力農民や在地領主のもとで馬を飼う例が増加するが、これらは武士化しはじめたものの乗用でなければ、京上りの夫馬として、年貢運送を主眼とするものであった。民間における商品の流通は、はるかおそく十七世紀末、元禄ごろから顕著になりはじめた。そのころ本街道の宿駅に常備されている伝馬は、もともと公用物運送のためのものであったから、公用の荷物が立て込めば民間商品はあとまわしになる。公用の駄賃は低く抑えられていたから、公用の運送で生じる赤字が民間のものに転嫁されるし、荷物は宿駅ごとに人馬を継ぎ立てるので、損傷することが多い。信州の中馬はこの欠点を補うために発生し、最初は農家の農閑期における現金収入のためにはじまったの

鎌倉時代、上級武士の替え馬をつれた旅行。『一遍聖絵』巻一より

が、やがて専業化した。一人の馬方が四頭の馬を追い、馬宿に泊りながら数十里はなれたところまで直送したので、途中の荷傷みもすくなく、運賃も通常の宿継伝馬の半分に近かった。そのため、街道の宿場の問屋たちは既得権益を侵害するものとしてことごとに圧迫したので、中馬はしだいに宿場のある街道をさけ、間道をえらぶようになったという。

それゆえ、近世における中馬道の成立は、交通運輸史上、重大な変革であった。それまで存在した馬の通う道は、いずれも支配者たちの政治支配と軍事上、経済上の必要から、強力な政策的努力によって上からつくりだされたものであった。これに対して民間から、純粋に民間物資を馬で運ぶ道がつくられた。支配者から賦課《ふか》された義務ではなく、みずからの才覚で馬を飼い、駄賃稼ぎをする人、その人たちを馬ごと泊める家が、馬の道筋に発生したわけである。ここにいたって本街道はもちろん、中馬道のようなものまでふくめ、馬の通る道は名実ともに社会の表街道となった。はじめ馬の道は、支配者の手で村落とはあまり関係のないかたちで設定されたのに、この道筋に人と物資が集められ、町や村の生活がかけられて、社会の経済と、文化の発展をここで担うことになった。

しかし、こうした表街道の繁栄の背後にあって、旧来の馬の通れない道は、けっして消滅したのではなかった。中馬の活躍した信州を例にとっても、新潟県西部の糸魚川と信州の松本とを結ぶ糸魚川街道は、いちおうは平坦な道であったが、いくつかの小さな峠が馬の通行をはばんだので、もっぱら牛がつかわれた。幕末、ここを通って北国の塩を信州に運んだ荷は、年間八千駄をこえ、太平洋岸、三河の塩を信州に運んだ中馬の数より多かったという。人と牛しか通れない旧来の道は、繁栄してきた馬の通る表街道からは遠い。その意味では、表街道につらなる、賑やかな人里からはなれた、辺鄙で、険阻な間道となり、影のうすい存在になりはじめたのは事実である。しかし、この間道も、いっぽうではそれ自身で裏街道のネットワークをつくり、おなじように表街道の賑わいから忘れられかけた村々を直結して、その生活をひっそりと支えていた。裏街道という言葉は、この時代には現代の私たちの感じるほどどうら哀しい響きはもっていなかった。近代的な交通機関が馬の道でさえ古いものとして切捨てるまでは、裏街道もまた、りっぱに社会的効用がみとめられ、生きて働いていた。

牛をつれた旅

　牛は馬とちがって反応は遅いが、それだけ着実で、急坂の上り下りが上手であるという。女工哀史で有名な信州と飛驒国境の野麦峠も、馬では越せず、牛しか通れなかった。木曾谷から飛驒にかけて、牛のことをオカブネ（岡船）とよんだという。山間部で牛がもっぱら荷物運搬に従事し、重宝されたことをよく示す言葉である。牛道といえば馬の通れない険路をさし、牛が通るなら人間も通れるといったほどで、馬の通る表街道からはずれ、その恩恵にあずかれない村々を、牛の道が結びつけていた。

　宮本常一氏によると（「民具試論(二)」『民具論集(二)』昭和四十五年、慶友社刊）、東北の青森県東部から岩手県にかけての南部地方には、むかし南部牛とよばれる頑健な役牛が飼われていた。肉牛には不適当であるので、明治になって姿を消したが、以前はかなりの数があり、中部地方まで分布していた。というのは、南部の牛方たちはこの南部牛の背に、南部産の鉄をつけて南下した。ゆき先は関東平野から甲斐、信濃、越後などで、町や村をまわって鍛冶屋や鋳物屋に原料の鉄を売ったあと、最後には荷をつけてきた牛を農家に売り、手ぶらでもどった。牛はこれらの地方でよく働き、越後の塩を信州に運んだのは南部牛というが、南部の牛方たちの旅は、沿道に草の茂っている夏がえらばれ、道端の草を牛の餌にしながら牛を追った。

牛は馬のように上等の飼料を用意しなくてもよいし、夜に泊るとき、馬のようにつなぎ場や、そのための建物なども不要である。牛は寝るときにはどこでも横になる。牛方たちは牛がねると、牛によりかかって寝ることが多く、野宿も簡単にできた。彼らは、なまじ表街道を歩くと大名行列にでくわしたし、だいたい、そうした道は町場を通るのでなければ、両側はよく耕された田や畑ばかりで、だれにもことわらずに牛にたべさせてよいような、草のはえているところはない。表街道の通っている賑やかな人里は、牛方たちにとっては開けているだけ、かえって不便であった。牛は人の通るほどの道であれば、どんな細い道でもだまって歩いたから、すこし大まわりでも草のあるところをえらび、ゆっくり草をたべさせながら間道づたいに通行したという。

牛をつれた旅は、考えようによっては気楽な旅であった。日本の農家の過半数が、蒲団《ふとん》のなかでゆっくり手足をのばして寝るようになったのは、地方によってはここ百年来といってよい。家にあってはネマ（寝間）のワラのなかにもぐって寝るし、外に出たときは焚《たき》火《び》を前にして立て膝をし、膝頭に顔を伏せてまどろむのが常態であった。南部の牛方たちも横になった牛にもたれて眠るだけで、十分に昼間の疲れを回復できた。夏の夜の野宿は、天気さえよければ、それほど苦にはならなかったろう。宮本氏は、岩手県の遠野市のあたりで、牛七頭ひくのをヒトハヅナとよぶのを聞いたことがあるといわれる。七頭の牛を鼻綱で前後に一列につなぎ、それを一人で追うのが、南部の作法であったらしい。

もっとも、こうして六頭から七頭の牛に荷をつけて山道をいくやりかたは、いつからはじまったか、もうひとつ定かではない。というのは、中世の絵巻物をみるかぎり、この時代には牛の背に荷物をつけて運ばせている光景はすくなく、牛はたいてい荷車をひいている。反対に馬に車をひかせている例はほとんどないといわれている（『日本常民《じょうみん》生活絵引』第二巻、昭和四十年、角川書店刊）。たしかに、『信貴《しぎ》山縁起《さんえんぎ》絵巻』や『一遍聖絵《いっぺんひじりえ》』などをみると、旅人が馬に乗り、馬の背に荷をつけてひいている例は多い。これらは、馬の通う街道筋を描いたものだろう。牛が荷車をひいている例は『一遍聖絵』巻七にみえる近江の大津の関寺まえの風景など、いずれも、古くから車両による運送の行なわれた都の近くである。これらに対し、荷をつけた牛の姿がすくないというのは、どういうことだろうか。この時代には馬の通らない道、街道以外の間道は、すべて人間が荷を担いでしか通れない道であったのだろうか。

むかしの道のもつ二重構造

先に紹介した立山連峰の佐良峠は、明治のなかごろまで越中の商人が、人の背に塩魚の荷をつけ、歩いて信州に通った。ボッカ（歩荷）とよばれた駄賃稼ぎの人たちは、信濃から飛騨の牛も通わぬ山道を舞台に活躍してきた。宮本常一氏の「土佐寺川夜話」によると（『忘れられた日本人』所収、昭和三十五年、未来社刊）、先に紹介した伊予の石鎚山の東南、土佐と伊予の境に近い高知県土佐郡本川町の寺川では、明治三十五年（一九〇二）にはじめて村に牛が入った。長いあいだ牛の通れる道がついてなかったからで、このときも吉野川最上流の同町越裏門《えりもん》まで牛の尻をたたいて追ってきたが、そこから先はなんとも歩かせられなかった。とうとう牛の足をくくって棒を通して吊し、みなで担いできたが、川の上の道を歩くときは命がけであったという話が記されている。明治も末近くになってからでさえ、牛も通れない道の先に人の住む村があり、人がやっとのことで通れる道で外界とつながっていた。とするると、中世にはこういう村の数は、想像以上に多かったかもしれない。

現在では、どのような山村にいっても、むかしは牛で荷を運んだといっている。樽丸《たるまる》や薪、柴、炭、柄杓《ひしやく》、木地椀、杉や檜《ひのき》の皮、木炭から材木まで、山の産物を牛の背で積みだし、帰りに必要な品を手に入れてもどった。しかし、こういう牛のルートの成立までに、私たちがまだよくわかっていない埋れた歴史があるのかもしれない。すでにのべたとおり、馬の道のネットワークは、支配者の手でいちはやく整備された。これからはずれたところに住んでいた祖先たちは、久しいあいだ原始以来の踏みわけ道で、日常を支えていた。それがある時代になって、馬より粗食に耐えてとりあつかいやすく、急坂にも強い牛を彼らの道でつかうようになった。その時期は地域によってまちまちであったろう。一般的にいうなら、中世の絵巻物に荷をつけた牛の姿がすくないとすると、庶民の生活がようやく向上しはじめた中世末、近世になって、馬の道に対する牛の道のネットワークが民間で一般化したのかもしれない。そして、こうした道路網の二重構造は、近代的な交通機関による運輸網の出現するまで、人々の生活の基礎を支えてきた。

近代の交通機関は、上述の馬の道も牛の道も、すべて時代遅れのものとして廃絶に追いこんだ。これは見ようによって、馬の道のもっていた原則を、徹底的に推進したということもできる。車両は坂道によわいので、鉄道にしても自動車道にしても、馬や牛の背にたよってきた旧道の勾配《こうばい》をさけて迂回《うかい》し、川には鉄橋、山にはトンネルをつくって都市と都市を直結する。その姿は馬の道が、支配者の手で旧来の村落とあまり関係ないかたちで設定されたのに似ている。ただし、その力は比較にならないほど強力である。村々は、それまでのように街道を通じて必需物資や情報の流れてくるのを待っているだけでは、生活がなりたたなくなる。村落のすべては、新しい交通網によって物資も情報も厳重に梱包《こんぽう》され、集積されている都市に従属することが要求される。とくにそのルートから遠くはなれた村々は、最後はいわゆる過疎地となり、住民は先祖伝来の地を捨てて退転せざるをえなくなる。

この状況と比較するならば、かつての馬の道に対して牛の道の有していた意味、より古くは人の背でようやく荷を運んでいた原始以来の踏みわけ道、ときには繁華な人里からはなれたかくれ道とみられたものの意味は、きわめて大きいといわねばならない。表街道の繁栄は、たしかに時の流れであった。だが、この表街道に対する裏街道の存在によって、むかしはどのように辺鄙な村々も、自立と自存の保証をあたえられていた。無力なものは容赦《ようしゃ》なく疎外し、消滅させてかえりみない近代の交通体系、裏街道をいつのまにかうらぶれた落伍者の道にしてしまい、それをふしぎに思わない近代の道路網との差異は明らかである。むかしの道路のもっていた上記の二重構造は、あたかも個々の村落内部にあって、成員個々人のエゴを疎外することなく、すべてことよせの論理で足ぞろえしていたような、近代以前の各種共同体の内包していたシステムに、対応するものがあるように思われる。

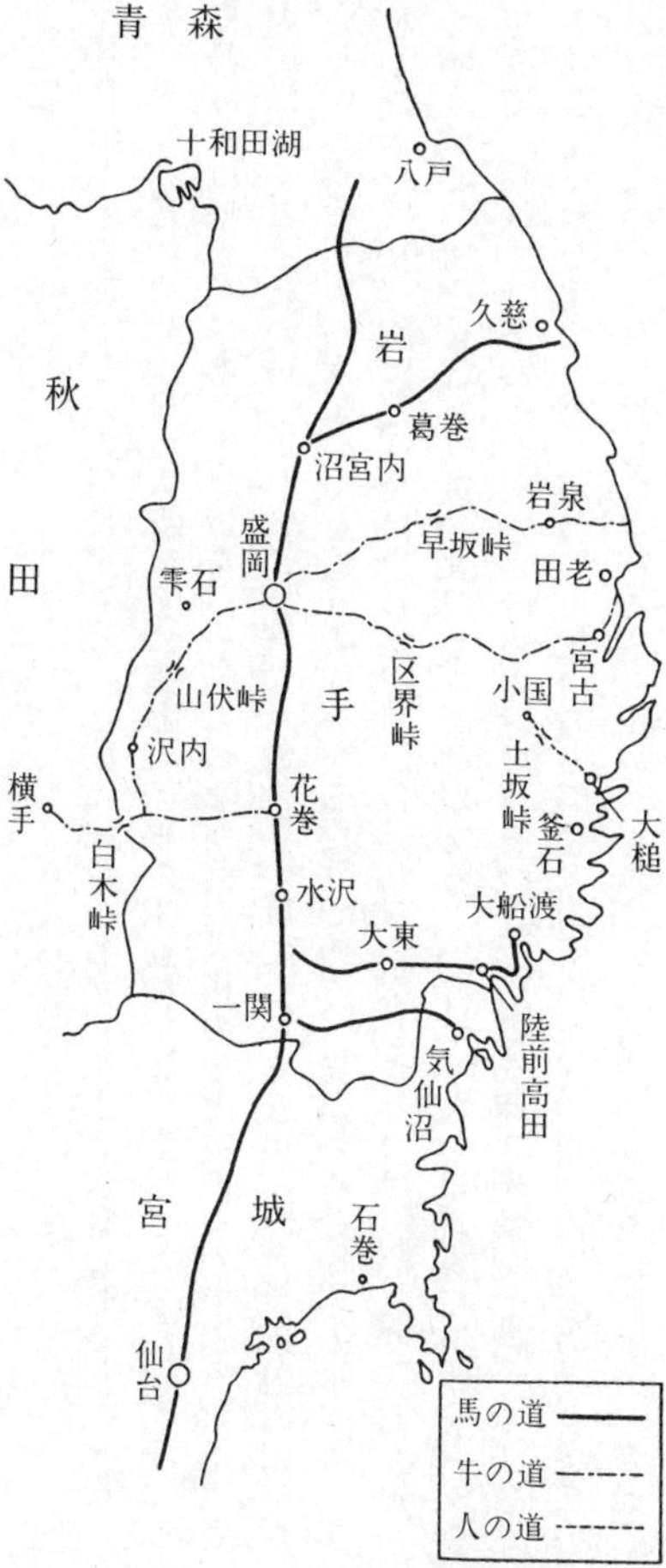

太平洋岸と内陸部を結ぶ塩の道図（一一六〜一一七頁参照）

1　馬の背と牛の背

「木六駄」

狂言に「木六駄」という曲目がある。丹波に住む小名が、年末、歳暮のしるしに、炭、薪、酒を六駄の牛につけ、太郎冠者《たろうかじゃ》に追わせて都の主筋の家にとどけさせる話である。丹波と山城の境にある老ノ坂を、一列につながれた六頭の牛を雪のなかで追う太郎冠者の姿は、まことにかいがいしい。橋懸《はしがかり》から舞台にかけてなにもない。ただ太郎冠者だけがいそがしく鞭《むち》を手に六頭の牛を追う所作をするだけである。先頭から最後尾の牛までくまなく目をくばり、前に走り後にまわり、列からそれる牛をしかりつけ、めまぐるしく追ってゆく。この曲を秀吉と家康が共演した記録があるというが、彼らは現実に荷牛をひく姿をみていたはずである。たくさんの牛の背に荷をつけ、山道を通る光景など見たくても見られなくなった現代のわれわれは、舞台の太郎冠者の所作を、ただそんなものかと見ているにすぎない。これに対して牛荷の道中をいつもみていた時代の人たちにとって、太郎冠者の動きは迫真の演技として、ふだんの彼の実直さと有能さとを実感をもって感得できたろう。その彼が、峠の茶屋にかかってから、あまりの寒さについ酒を一口、荷のなかから頂戴したのがあだとなり、脱線がはじまる。むかしの人は前半の働きのまじめさと、有能さを具体的に感じることができただけ、後半との対照のおもしろさはひとしおであったろう。

舞台で演じられている六駄の牛の話をみていると、岩手県の遠野で七頭の牛をヒトハヅナとよんでいたことなど思いあわされ、山村で牛を岡船とよんで重宝していた時代というのは、こういうものであったかと、なにか納得できるものがある。一人の牛方で六頭の牛を追う方式も演技のうえで完成されている。中世の絵巻物にその姿をみられなくても、牛の背に荷をつけて山道を通うやりかたは、民間でも案外はやく定着していたかもしれない。少なくとも支配者たちは、古く律令時代に、「馬・牛ハ軍国ノ用ヰル所、故ニ余畜ト同ジカラズ」(『賊盗律』盗官私馬牛条)とか、「馬・牛ハ軍国ノ資ニシテ暫無スベカラズ」(『類《るい》聚《じゅ》三代格』延暦八年九月四日太政官符)といっている。

この時代に官牧の馬のうち、体骨強壮で乗用に耐えるものは軍団に所属し、兵馬としてもちいられ、駅制によって駅馬、伝馬につかわれた。官牛も官田の耕作や牛乳の供給だけでなく、戦時には駄馬とならんで物資輸送の任にあたった。牛が馬といっしょに「軍国ノ資」とされているのは、この意味という(佐伯有清『牛と古代人の生活』昭和四十二年、至文堂刊)。『日本後紀』延暦二十三年(八〇五)十二月二十一日条にある桓武天皇の勅には、

「牛ノ用タル八国ニアリテ切要ナリ、重キヲ負ヒテ遠キニ致ス」と明言されている。そして、官有牧場の牛馬について定めた『厩牧令《くもくりよう》』をみると、上等の馬は乾草や青草のほか、毎日、粟一升、半糠米三升、豆二升、塩二勺を給し、中等馬で半糠米か豆二升と塩一勺、下等馬で半糠米一升を給するとある。飼丁は、上等馬は一人で一疋、中等馬は二疋、下等馬は三疋を受持って飼育するとある。これに対して牛のほうは記載がなく、ただ乳牛だけ、乳をしぼる日に豆二升と、稲二把を給するとあるにすぎない。

役牛飼育の規定は『左右馬寮式』に、左右馬寮での舎飼のばあい、冬だけ米八合を給するとある。ふつうはほとんど放牧にしたがい、夏の青草、冬の乾草以外のいわゆる濃厚飼料は、多く考慮の外であったらしい。牛の飼育が馬にくらべてはるかに簡略であったのは、これをみるだけでも明らかである。平安時代以後、民間で牛を飼育する例がしだいに多くなるが、課役として賦課された義務ではなく、農民たちがみずからの生計のために役畜を飼うとすれば、まず牛から飼うのは当然であった。それも在地の有力者、富農層たちであったが、そこで飼育された牛は、農耕もさることながら、必然的に農民たちの、日常の必需品を運ぶのにつかわれただろう。

牛が背に荷をつけてあるく姿が、絵巻物をはじめ中世までの文献記録の類にあまりあらわれないというのは、それがまったくなかったからではないと思う。私たちが歴史研究の資料とする文献記録の類は、時代をさかのぼるほど、支配者の立場から支配者の目でえがかれ、執筆されたものにかぎられてくる。表街道で身分あるものを乗せ、荷を運んでいるりっぱな馬を数多くえがく以上は、よくひらけた田畑を耕作している牛、牛車《ぎっしゃ》や荷車をひいて都大路をあるいている牛はえがいても、裏街道をひっそりと歩き、庶民の日常を支える物資を背につけている牛までは、筆が及ばなかったのではなかろうか。もちろん、近世に東北の南部の牛方たちが、表街道を避けて南下し、中部地方東部まで鉄と牛を売りあいたような、庶民の生活次元内での遠距離交易が、組織的に牛の背でなされるようになったのは新しい。けれども、律令政府当局が、牛の効用について「重キヲ負ヒテ遠キニ致ス」とのべたような牛の使役法は、庶民のあいだでも早くから日常の交易活動のなかで、用いられていたのではなかろうか。牛は馬よりはずっと早くから、庶民にとって日常の伴侶であったと考えられる。

追分け・馬子唄考

柴田道子氏は、信州の「追分け・馬子唄」についてつぎのような談話を採録されたうえ、氏の意見をのべていられる（『被差別部落の伝承と生活』昭和四十七年、三一書房刊）。

「追分けちゅうのは、のど自慢大会なんかでうたううたじゃあないんですよ。馬方はまた年中うたっているわけでもないんです。うたう時間があります。だいたい夜中から明け方前の淋しい時ですね。十時から一時、二時頃にうたいます。昼間うたうなんていうことはぜったいないですね。真夜中、空気は澄みきっているので声もよくとおり、鈴の音にあわせて美しく夜の山中にこだまします。馬方の声も実によくて、山奥にまで吸い込まれていくようなんですよ。

淋しいので自然とうたが出てきます。追分けは、夜中に山の中でうたうのがいちばんです。それからもう一度、必ずうたう時があるんです。目的の家に着く前で、家の手前三町ぐらいになると馬方がまたうたい出します。このうたで家の者は帰宅を知るわけなんです。うたの知らせで火をおこして帰りを待っています」

蹄《ひづめ》の音、鈴の音にあわせた馬方がうたう追分けは、底なしの夜の静けさにとけ込んでいく。穂積さんの話で、私はふと思いあたった。柳田国男が、追分けの節まわしは秋田の巫女《いたこ》がうたう神おろしの歌に似ていると書いていた。また卯《う》月八日の山登りの日、みたまを誘って降してくる「此のあかり」の童詞にも似ているという。「此のあかり」は、家にいる者に神さまを山からお連れしたと知らせるうたで、家の近くになるとうたう。古来、御神馬といって、神の御輿《みこし》をお連れするのに、山へ馬で迎えにいった。神さまは高い山の御神木にまず降りる。それを御神馬で里にお連れしたわけだ。神さまは夜中にきたから、昔の祭は夜、行なわれていた。こうしてみていくと、追分けは夜中にうたうものであり、家に近づく手前でうたうとすると、神おろしのうたからはじまったものかもしれない。だから厳かで淋しい響きを持っているのだろう。

ここで蹄の音にあわせてうたうとあるけれど、むかし街道で旅人をのせ、荷物を運んでいた馬は、牛とおなじようにワラジをはいていたから、その足音はいま私たちが耳にする蹄鉄《ていてつ》の音と、ずいぶんちがっていた。それからもうひとつ、話のなかで「追分」と「馬子唄」とをおなじものとしてとりあつかっていられるが、このふたつは区別したほうが話の趣旨にあい、より正確である。というのは、信濃の「追分」とは、長野県北佐久郡軽井沢町にある中山道と北国街道の分岐点（追分）に栄えた追分宿で、街道を往来する駄賃づけの馬方たちが馬をひきながらうたう仕事唄としての馬子唄を、宿場の遊女たちがまねてうたいだしたものであった。だから、はじめから座敷での座興の唄として、三下り《さんさが》調の三味線の伴奏をともなっていた。この唄には柴田氏の指摘されるような信仰的要素は、最初からなかったわけである。

そして、これが信州追分宿の唄という意味で「追分」と名づけられ、旅人の手を通して世間に知られるほどになると、声が美しく、節まわしの上手な人のうたいかたが正調ということになり、その人たちが、やがて「正調追分」のうたい手としてセミプロ化しはじめたのも、この唄の出発点からみて当然のなりゆきであった。これに対してその原曲である「馬方節」、さらには「馬子唄」とよばれるものは、文句や節まわしは似ていても本来は仕事唄であり、街道で馬をひく人たちがおもいおもいに気随《きまま》にうたってきた。それには正調と名づけられるものはもちろんないし、自分ののどを人に聞かせるとか、聞いてもらうという唄とはちがっていた。こういうかたちで人々の日常のなかにある唄は、しばしば背後により本来的な宗教感情を潜在させ、厳粛な信仰心が、ときに表面にあらわれるのもめずらしいことではない。

馬を曳くとき

というのは、われわれが民俗的な歌謡、フォークソング（folk-song）とよぶものは、そのほんらいの姿は職業化する以前の、しろうとの唄である。その場合、神事や葬祭などに直接関係する歌謡群はもちろんのこと、生業の各分野で身体の律動にあわせて口ずさまれる仕事唄のたぐいは、しばしば神を迎え、神とともに労働した原古の感覚を、よく継承しているものが多い。たとえば古い形式の田植唄のなかには、現実に田の神を迎えて田植した時代の、田の神の讃歌であった姿を彷彿《ほうふつ》させるものがある。馬子唄については、上記の柴田氏の記述のとおりであろう。その機能は、人を楽しませる歌謡として自立してしまった「追分」にはなく、その原曲であるような、生業と密着して自立できていない素朴な民俗歌謡としての「馬子唄」のなかに、残されていたとみるべきである。

馬は五世紀以来、なによりも貴人の乗用とされ、貴人の乗り物として存在してきた。背に荷をつけて運んでも、久しいあいだ農耕とはほとんど関係のない家畜としてすごしてきた。手綱《たづな》をもって馬をひけば、周囲の状況のしだいによっては、おのずと貴人中の貴人である神を迎え、神とか神にひとしい人を乗せて馬をひいた古い意識が、ときによみがえることがあってもふしぎではない。宮本常一氏は先に紹介した対馬での民俗調査のときの体験として、村の人が馬に乗り、原生林におおわれた峠道を通りぬけて、隣村と往来している光景をのべていられる（「対馬にて」）。

道は岩ででこぼこした急坂なので、馬に乗るには片手で手綱をもち、もうひとつの手で鞍壺《くらつぼ》をもち、身体がずり落ちないようにする。それはあぶみがないからで、山中で上からたれ下がった枝にひっかけられ、はねとばされたとき、馬からころりと落ちるのがいちばん怪我がないので、わざとあぶみをつけていない。しかもこうした不安定な鞍のうえで、ある老人は馬方節としての素朴さを残した追分をうたった。

この唄の効用について、その老人は、

「歌をうたっておれば、同じ山の中にいる者ならその声をきく。同じ村の者なら、あれは誰だとわかる。相手も歌をうたう。歌の文句がわかるほどのところなら、おおいと声をかけておく。それだけで、相手がどの方向へ何をしに行きつつあるかぐらいはわかる。行方不明になるようなことがあっても誰かが歌声さえきいておれば、どの山中でどうなったかは想像のつくものだ」

と答えたとある。

表と裏の接点

現代の道は、ひろく開けきったところを坦々と走っている。しかし、わずか百年前の日本は、人口でみると明治五年（一八七二）に三千三百万、いまの三分の一にすぎない。巨大都市と工場群の皆無であったのはいうまでもない。農地は近年の転用をのぞいて、明治二十年（一八八七）から第二次大戦のころまでに三五パーセント増加したという。明治初年から二十年ごろまでの開墾を加えると、その割合はいっそう大きくなる。またこれ以前については、現在は市町村に編入されて大字とか区と称されている江戸時代の村のうち、三分の二から四分の三は室町時代中期、十五世紀以後の開拓によって成立したもので、それ以前までさかのぼれる村は、全体の三分の一に満たないといわれる（「日本農民史」『柳田国男集』第十六巻所収、昭和三十八年、筑摩書房刊）。

したがって、たとえ平坦部につくられた表街道でも、宿駅からはなれたら荒涼とした原野をとおり、人家から遠く、森や林に覆われることも多かった。まして表街道の賑かな人里からはなれた間道、かくれ道とよばれるものとなると、その姿は想像を絶するものがある。しかも、この間道やかくれ道は、外側からはそれとわからない底辺部に沈んでいるけれど、それだけにまた、庶民の歴史からはもっとも由緒のある道である。私たちの祖先がこの列島に住みついて以来、より直接的には定住生活をはじめて以来、日常生活の必要から自然に踏みわけられ、山地や沼沢、原野や原生林でたがいに隔絶しあった集落を、細々と険阻をたどりながら、しっかり相互に結びつけていた。反対に平坦な表街道は、ときの支配者たちが支配の必要から馬を通わせ、のちには車を通すため、強制して開設したものであった。

とくに十五世紀以後、近世を通じて近代に及んだ国土の開発は、大規模な灌《かん》排水工事による大河川のデルタと、平坦な台地の広汎な耕地化と居住空間化であった。表街道は平坦部で整備されて密度を増し、人口も集中して一国の賑いの中枢となった。表街道からそれて間道づたいに点在した村々は、片田舎とか山家とよばれ、経済的にも文化的にも一段下と見さげられて、のちの過疎化の遠因となった。しかし近代になって産業革命が、とくに第二次のそれが社会の構造を根本から変えてしまうまでは、裏街道にむすばれた村々は、フォーク（常民）の生活空間とよぶにふさわしい世界を、表街道からそれた自然のふところのなかで、ひろく分厚く構成していた。そのなかに生きていた人たちは、馬を曳いて真夜中に人里はなれた道を歩けば、それが表街道であろうとなかろうと、平素は表面に出ていない古い生活感覚が、おのずと唄になってあらわれただろう。東北の南部地方の馬市には、むかしは各地の博労《ばくろう》が、十頭も二十頭もの馬をひき、二日も三日も旅をつづけて集まったが、馬をつれての旅は通行人の邪魔になるので、おもに夜中に歩いた。その道中にうたわれたのが「道中馬方節」であり、別名「夜曳き唄」とよばれた。

〝矢立峠の　夜風をうけて
　あきた夜長を　あとにする〟

などとうたったという（竹内勉『うたのふるさと』昭和四十四年、音楽之友社刊）。ここにもまた、柴田道子氏の指摘された「馬方節」「馬子唄」の原点を暗示するものがある。

大名行列とお練り

むかし天下の副将軍として江戸定府であった水戸の殿さまが、許可をえて領地の水戸に下るとき、道筋にあたる常陸《ひたち》国の土浦の町は、譜代大名である土屋氏の城下であったが、入口から向うのはずれまで十町ほどあり、その入口と出口には、道の両側に高さも直径もともに三尺ほど塩を盛りあげ、土浦藩の重役から町役人まで土下座して迎えたという（山川菊栄『覚書幕末水戸藩』昭和四十九年、岩波書店刊）。盛り塩の習俗は、現在でも都市の料理飲食店の入り口などでみかける。その由来については、馬は塩がすきなので、街道に沿った宿屋や飲食店では戸口に塩を盛っておくと、背に旅人をのせた馬が塩をなめに立寄るので、自然に客寄せの効果があったなどといっている。だが、いうまでもなく、塩はけがれをはらう呪物であり、その場が清浄であることをしめすシンボルである。盛り塩の趣旨は馬に乗ったような貴い人、行列をととのえてくる神や、神にひとしい賓客を自分の家に迎える作法にはじまり、盛り塩自身が神霊のよりましとされた。大名行列もそのような賓客の列として、威儀をただして宿場に迎えられたさまがうかがわれる。

参宮街道の宿場、三重県名賀郡青山町伊勢地。常夜燈や宿屋構えの家がむかしをしのばせる

そのとき大名の行列は、宿場の町に入ると、その晩に泊る本陣の望見できるあたりから、先頭の奴たちは六法《ろっぽう》を踏み、毛槍を振り、挟箱《はさみばこ》を振って練り込んだ。駕籠わきの徒立《かち》ちたちも両腕をすぼめ、袖口を摑《つか》んでしずしずと進んだ。大名行列はいつも祭礼でみるようにして歩いたのではない。軍隊が営門を出入りするときラッパを吹き、歩調をとるように、特別のときにだけ、特別の歩きかたをした。庶民を例にとるなら、伊勢参宮の道者たちは、御師・先達とよばれる人の指導にしたがい、講ごとに組をつくって道中したが、やはりその夜の泊りの宿場に入るころから、神燈をともした石燈籠《いしどうろう》をみながら道中唄としての伊勢音頭をうたい、めざす講中宿の迎え提燈をめあてに、気勢をあげて練り込んだ。これがいわゆる「お練り」であり、「練り込み」とよばれるものである。各地の祭礼で、しばしば「練り込み」という名で大名行列の六法、槍ふりのまねがなされるのも、それらがもともと神に奉侍し、貴人を奉戴して目的地に送りこむ作法から出発したことを物語っている。

岩手県の遠野地方では、家の嫁が産気づくと、山の神をよんでこなければお産はできないといい、夫とか家族のものが厩舎から馬を曳きだして荷鞍をおき、馬の歩く方向につれてゆく。途中で馬がいなないたり、立止まって身ぶるいすると、山の神が馬に乗られたとして家にもどったと伝える。したがって、駄賃づけの途中であれ、仕事を終えたときであれ、とにかく馬を曳いて目的地に着き、自分の家に帰りつくのは、神を迎えてもどる上記の「練り込み」と、そのかたちをひとしくしている。おのずから、ここでも古い習性がなにげないかたちで頭をもたげ、柴田氏の指摘されるように神唄の一節に類似する曲節が、馬を曳く人の口に不意に出て少しもふしぎではない。馬は貴人の乗り物として、久しいあいだ歴史の表街道を歩いてきたから、そこに古風な神祭りの伝承が隠顕《いんけん》して当然であった。これは馬に乗る人、馬に乗る神と、その馬を曳く人との出合いであり、いわば表街道の世界と裏街道のそれとの接点の現象である。

牛追いの唄

庶民とともに裏街道を歩いてきた牛については、馬ほどに神祭と関連した顕著な伝承はみられないように思う。もっとも、道路の険阻な時代、馬の通れないところは、貴人といえども牛に乗らねばならなかったろう。福岡県築上郡吉富町の、吹出浜にある八幡古表神社には、重要文化財に指定されている女神騎牛像がある。京都府の綾部市の南、丹波山地の中央部にあたる天田郡三和町大原の大原神社では、むかし祭神が赤牛に乗って示現したと伝え、鳥居前の御手洗の川の淵はオカマサンとか水門《みなと》の淵とよばれ、そこの岩盤についている小さなくぼみを、明神示現のときの牛の足跡といっている。貴人を牛に乗せる風習は、まったくなかったわけではない。

だが、代表的な東北民謡のひとつにあげられている「南部牛追い唄」などについては、「追分」の原曲にあたる「馬方節」や「馬子唄」をめぐって推測できるような、神唄につながる伝承があるかどうか、よくわからない。たとえば竹内勉氏によると、南九州の宮崎県の高千穂地方でうたわれる「刈干切り唄」は、山で刈った萱《かや》を牛の背に積んでもどるときの「草刈り牛方節」で、鹿児島県薩摩郡宮之城町の「御新田節」などといっしょに、「南部牛追い唄」にきわめて類似した曲節をもっているが、それ以上に詳細のことはわからないとされる（『うたのふるさと』）。

これらについて、考えねばならないことは多いが、「追分」の原曲が「馬方節」であるように、この「南部牛追い唄」が岩手県下の駄賃づけの、「牛方節」の洗練されたものであるのは明らかである。たとえば、

〽大志田　歯朶《しだ》の中　貝沢　野中
　まして大木原　嶽の下〽

というのは、岩手県花巻市の西、和賀川上流の和賀郡沢内村から東北、山伏峠を越えて岩手郡雫石《しずくいし》町の南を通り、盛岡に向かう道中の地名をよんだもので、大志田はその名のとおり歯朶のいっぱいはえたところ、貝沢は貝沢野とよばれる野の中であり、大木原は嶽の下というのである。沢内村の西は岩手県と秋田県の境、一〇〇〇メートルを越す奥羽山脈の脊梁部《せきりようぶ》であるが、北も東も毒ヶ森をはじめ、一〇〇〇メートルに近い山に囲まれている。

大阪府高槻市原・神峰山寺参道前の牛地蔵

〝沢内三千石　お米の出所
つけて納める　お倉米〟

とあるように、牛方たちは沢内の米を牛の背につけ、和賀川の谷にそって東南の黒沢尻（北上市）の南部藩の米倉に運び、あるいは東北の山伏峠を越え、藩庁所在地の盛岡に運んだ。彼らは「牛殺し」とよぶ灌木《かんぼく》の杖を鞭がわりに持ち、二晩も三晩も野宿しながら追っていった。

途中で牛を休ませて草をたべさせたり、積荷作業をするところを野とよび、甚兵衛野などと名づけられていた。野宿するときは積荷をならべ、その上に荷鞍をのせて高くし、牛につけている二枚のワラのムシロを斜めにのせて、雨が降っても下にとおらぬようにし、その下にもぐりこんで寝た。陸中海岸、宮古市の北の下閉伊《へい》郡田老町の釜屋で焼いた塩と魚をつけた牛方は、閉伊川ぞいの宮古街道を通って区界《くざかい》峠を越え、盛岡に出たうえ西南に向けて雫石町の南、山伏峠から沢内村に入り、さらに白木峠を越えて秋田県の横手まで足をのばした。田老町の北の同郡田野畑村からも年に三回か四回、山野に青い草のはえる季節に塩荷をつけた牛が、同郡岩泉町から早坂峠を越え、内陸の岩手郡藪川町を通る旧小本街道を通り、盛岡に向かった。この道は北上山地の中央部をほとんど一直線に横断し、太平洋岸と内陸部を真直ぐに結ぶ典型的な塩の道で、牛方は一人で六頭か七頭の牛を追い、雨が降らなければ、片道五日か六日かけて通ったと報告されている(森口多里『日本の民俗 3 岩手』昭和四十六年、第一法規刊)。

町や村の塩宿の家に牛方が到着すると、そこへ集まってくる人たちとのあいだでなされた米と塩の交換比率は、米一升に塩一升三合であったという。こうした南部地方の庶民の動脈のうち、北のほうの久慈市の南、九戸《くのへ》郡野田村の泉沢からは、ダンツケウマとよばれる駄馬に塩の荷をつけたのが、岩手郡北部の葛巻町、岩手町の沼宮内《ぬまくない》を通って盛岡方面へ北から入った。このルートは北上山地の北縁に近いところを横断するので、山道にしては急坂がすくなく、早くから能率のよい馬がつかわれてきたらしい。地図でみると、盛岡までの道のりは先の牛方の道にくらべてかなり遠いのに、こちらは途中に九戸郡と岩手郡の境の平庭岳の山麓の高原で休んでも、一週間で往復したという。馬の道と牛の道の格差は、これをみるだけでも明らかである(『日本の民俗　3　岩手』)。

近代以前の重層構造

右にみた東北の南部地方は、馬の産地として古くから知られている。代々の領主たちは良馬をつくるため、つねに努力してきた。にもかかわらず、その底辺をささえてきた南部の村々は、能率のよい馬だけにたよることはできなかった。牛の背によって日常必需品を手に入れていた村も多かったのである。なかには牛にたよることもできず、もっぱら人の背による「塩の道」で、生活してきた部分もあった。たとえば陸中海岸の宮古市の南、釜石市の北の上閉伊郡大槌町から、北上山地の中央部の下閉伊郡川井村の小国地区までの道は、大槌川にそった登り坂で、標高七五三メートルの土坂峠を越える。これを「坂越し」とよび、塩と魚の荷はむかしはすべて人の背によった。小国は米ができないかわりに「小国膳」とよぶ漆器がつくられたので、雑穀以外に漆器類を交換物資にしたという(『日本の民俗　3　岩手』)。

現代社会では、新しい交通機関とその体系が開発され、一般化すると、旧来の低能率の体系に依拠していた部分は、新規の体系に従属し、適応するように強制される。できなければ切りすてられ、特定地域の過疎化現象などは、その端的なあらわれである。これに対して近代以前の社会では、新しく能率のよいもの、かならずしも絶対的な力はなく、社会上下をあげての信望を担うということもなかった。相対的な優越だけにとどまり、社会文化の表層を形成するだけにとどまっていたから、旧来のものはその背後に消滅することなく、十分な生活力と生命力をたもって生残ってきた。もちろん、近代や現代のそれが、単層であるというのではない。私たちの自意識自身が、複雑な構造を歴史的にはらんでいることは、この書物の最初に指摘したとおりである。けれども、その表層を形成しているものの厚さと、力量の相違は、近代と近代以前とでは比較を絶する質的な隔たりがあった。近代以前の社会文化の有していた独特の重層構造は、こうして社会のコミュニケーションのシステムのなかに、いちばんよく明示されている。コミュニケーションの媒体が機械化する以前は、一国の文化は独自の重層構造をたえず強力に再生産していた。これは社会経済の体制はもとより、よりひろく文化の歴史を考えるうえで、きわめて重要な問題として確認しておく必要があると思われる。

2　土着者の姿勢

歌謡流行の跡

先に「南部牛追い唄」に類似した曲調をもつものが、遠くはなれた南九州にあることを記したが、日本民謡の分布の足跡、その流行と伝播、継受の過程は、町田佳声《かしょう》氏や氏の衣《え》鉢《はつ》をつがれた竹内勉氏らの努力によって、すくなくとも近世の範囲では、ほぼ大局を展望できるようになっている。

いま、その業績に依って民謡伝播のあとをみると、その表面は現代の歌謡曲の流行と本質的なちがいはないようなかたちでなされている。とくに近世も後半になると、庶民生活の次元でも商業交通は全国的規模をもちはじめ、一地方で生産された商品が、中央の都市に運ばれ、都市の問屋の手で各地に交易されるようになった。そのルートにのせられ「唄は世につれ、世は唄につれ」のとおり、都市を中心に流行の歌謡が多数の人の口にのぼり、各地に普及することになった。しかし、その流行の媒体には今日のテレビ、ラジオ、レコードといった機械はまったくなく、すべて人の口と耳だけにたよっていた。それは交通運輪が鉄道や自動車はもちろん、荷車によるのもまれで、すべて馬や牛の背、人の背と帆船にたよっていたのに対応している。そのことから流行した唄は、今日とちがって思いがけない副産物をつくりだすことになった。

たとえば竹内氏によると(『民謡戸籍調べ・新保広大寺』『民謡戸籍調べ・ハイヤ節』昭和三十八年、錦正社刊)、十八世紀の八〇年代にあたる天明年間に流行した口説節《くどき》の、「新保広大寺」というのは、七〇年代の安永年間の末、越後の中魚沼郡、いまの十日町市下組字新保の、鶴嶺山広大禅寺第十四代目の白岩和尚追い出しのザレ唄として生まれたものであった。ことの経緯《いきさつ》は信濃川の中州につくられた耕地の境界争いが、農民たちの後盾《うしろだて》となった広大寺と、十日町の縮《ちぢみ》問屋最上屋藤右衛門の争いとなり、最上屋の側では、

〝新保広大寺が　　メクリに負けて
　袈裟《けさ》も衣も　　質に置く〟

といった調子の和尚乱行の唄を文句につくり、あることないこと村の人たちにうたわせた。ところが、この争いは小千谷の代官所では決着がつかず、訴訟が江戸の奉行所までもちこされた。すると最上屋では、とりあつかっている越後縮のとりひき相手が江戸にあるところから、その問屋の口ききで江戸の願人坊主《がんにんぼうず》を抱きこみ、この唄を江戸市中でうたいまわ

らせ、世論に働きかけて争いを有利に解決しようとした。その結果、天明のころにはこの唄は江戸市中の流行歌となり、やがて盲目の女性芸能者である瞽女《ごぜ》たちの手で各地にはこばれ、八十年ほどたった江戸時代の末には、越後を中心に関東から東北、北海道まで人気を博した。

伝播のしかた今昔

口説節「新保広大寺」が、越後縮の問屋のたくましい商魂から創作され、その商業ルートにのせられて新規の流行歌に仕立てあげられる過程は、まるで今日のCMソングの草分けをみる思いがする。だが、これが現代のCMソングと根本的にちがう点は、流行した結果であった。というのは、この口説節が各地に伝えられると、それをきっかけに、各地にこれを模したバリエーションが発生している。その例は鳥取県西部の「傘踊り」、富山県の「古代神」、群馬県の「八木節」、関東地方の「飴売り唄」、山形県の「最上口説」、宮城県の「黒川口説」、秋田県の「飴売り唄」、青森県の「ジョンガラ節」、北海道の「道南口説節」などという。これとおなじようなことは、座敷での代表的なさわぎ唄である「ハイヤ節」にもみられる。

「ハイヤエー……」という景気のよい発声ではじまるこの唄の、そもそもの発祥の地は九州熊本県、天草の牛深あたりと推測されている。この唄は内地の「二上り甚句」を、奄美大島方面の「八月踊り」の高調子な三味線を熱っぽくかき鳴らしてうたったもので、牛深の港に入る船の船頭たちの手で鹿児島をはじめ、九州各地の港に運ばれた。やがてこれから北前船で日本海を北上したが、それにつれて山陰の「浜田節」、丹後の宮津の「アイヤエ踊り」、佐渡・新潟の「おけさ」、出羽庄内の「庄内ハエヤ節」、青森県西部の「津軽アイヤ節」、北海道に渡って「江差アイヤ節」など、続々と誕生した。

それから東廻り海運によって津軽海峡を太平洋岸に出て、青森県東部の「南部アイヤ節」、宮城県で「塩釜甚句」、茨城県で「潮来《いたこ》甚句」が生まれた。瀬戸内海では広島県の「三原ヤッサ」もそのひとつであるし、有名な徳島の「阿波踊り」は、唄は「よしこの節」になっているが、踊りと三味線の手は「ハイヤ節」の系統という。まさに「ハイヤ節」は、帆船時代に船頭衆の手で全国津々浦々にはこばれ、そこに土着してバリエーションを生みだしたことになる。帆船は近代以前の交通機関のうちではいちばん足のながいものであるから、こういう結果になったものだろう。

この過程は、今日われわれの周辺でなされている各種歌謡曲の流行ぶりとは、明らかに質的に異なっている。たとえば第二次大戦直後のころ、聴取者参加の番組としてＮＨＫのラジオではじめられた「素人のど自慢」は、テレビにひき継がれて現在でも、日曜ごとに昼すぎに放送されている。地方の都市をつぎつぎに巡回し、ところの体育館などを借りて行なわれている実況中継をみていると、そこで歌われている歌謡はすべて中央の有名歌手の得意曲のものまねであり、彼らの身ぶりやしぐさの末端まで徹底して、よくもこれほど似せられると思うほどである。これは年齢の老若を問わない一般の傾向である。なかで「民謡」と銘うったものでも「正調○○節」というかたちで、プロやセミプロの名人上手たちが原曲に独自の工夫と創意を加えて定型化し、日ごろ電波にのせたり、レコードで普及しているものの忠実な模写である。合格と称して鐘を鳴らしてもらうのは、模写の忠実度によるといってよい。

　現代における流行とは、ラジオやテレビ、レコードをはじめとする機械化された媒体によって、極度にまで均質化されつくした社会でのものまねであり、どれだけ多くの人が中央でつくられた標準にあわせて模写し、みずからをそれに適合させているかということが、流行の度をはかる目盛りになっている。近代と近代以前における中央と地方の関係、社会のコミュニケーションの構造のちがいは、以上の事態のなかからでも、十分に明らかといえるだろう。

「うた」と「民謡」

「素人のど自慢」に登場するような「正調民謡」は、先にのべたとおり、本来的な民俗歌謡（folk-song）からはかなり隔絶した存在である。たとえば東北の小京都などとよばれている秋田県仙北郡角館町で、旧暦八月の五日から七日までの祭礼の山車《だし》のうえで演じられる「桟敷《さじき》踊り」は、多くの秋田民謡を育ててきたことで知られている。人々は三味線と笛・太鼓・鉦などの伴奏もにぎやかに、そのときの流行の唄から地元に伝えられている素朴なほんらいの民謡までとりあげ、たくみに編曲して山車のうえで競演した。人から唄の上手とみられる人たちは、農閑期に六、七人で組をつくり、民謡踊りの巡業にでかけるほどであった。この地方によい民謡が多いというのも、早くからセミプロ級の人たちが輩出し、人に聞かせる唄をうたおうと努力を重ねてきたためといわれる。

近世の末からとくに明治になると、地方農村の生活水準もしだいに全般的な向上をみせ、祭礼その他の機会に、右のようにのど自慢の人たちが集まって、各種のコンクールが行なわれるようになった。この催しは、明治の末年にはいちだんと活発となり、そのなかでセミプロ級、プロ級に腕前をあげた人の手で、正調と銘うった唄いかたがつくられた。同時にこのころから、伴奏楽器として三味線のほかに尺八が重用されることとなり、正調を称するようなうたいかたは、たいてい尺八の旋律にあわせて唄の間合いがのびたうえ、小節《こぶし》とよぶ小旋律がたくさんつけ加えられた。唄の上手下手は尺八にあわせてたくみに小節をきかせ、その発声がどれだけ尺八の音色にあっているかで定まるといわれるほどになった。もともと野外で仕事にあわせてうたわれてきたものまで、伴奏楽器の力にひきずられ、すべて屋内での座敷唄、遊びの唄、遊芸の唄に変身させられてしまった。しかも、こうして座敷唄に転化したものまで、英語のフォーク・ソングの訳語である民謡(民俗歌謡)という言葉があてはめられたので、そこにいろいろな誤解も発生した。先に紹介した「追分唄」とその原曲である「馬方節」・「馬子唄」との混線などが、その例である。

明治の末から大正にかけて、民謡という言葉が一般につかわれはじめたころ、各地で正調民謡とよばれる座敷唄が、さまざまな装いをこらして出揃った。そのころ、村々には古い仕事唄を自分の仕事にあわせ、きままにうたっていた古風な老人が、まだたくさんあった。この人たちは、自分たちがうたっている本当の民謡は、むかしからの言葉でただ「うた」といった。それから派生した座敷唄で、プロやセミプロのうたうものを、新しく都会人から教わった「民謡」という言葉でよび、このふたつをはっきり区別していた。古風なうたいかたを身体の一部のようにして伝承し、働くときも遊ぶときも生活のなかでうたってきた人たちからすると、正調民謡の曲調はなにかよそよそしい。これから唄をうたうとか、聞いてもらうというふうに、ひとつ覚悟をさだめ、思いいれしてうたわねばならない。たとえ文句はいっしょでも、ふだん好き勝手にうたっているうたと、おなじものとはとても思えなかったわけである。

息づかいが曲調を生む

そして、こういう伝統的なうたいかたをめぐって、むかしから「いきづかい」とか、「いきをそろえる」という表現がしばしば用いられてきた。要するに日本人のむかしからの唄のうたいかたは、吸う息と吐く息の間合いによって調子をとるやりかたで、ヨーロッパ音楽における拍子とは根本的に異なるといわれる。メトロノームが打っているようなリズムが、ひとつの約束ごととして最初から歌曲のなかにふくまれているのとは、すこし様子がちがっている。だから、酒宴の席でのさわぎ唄とか、田植などの集団作業にともなう仕事唄では、ことの必要上、「いきをそろえる」ということがなされる。これに対してその必要のないような場合、通常の個人的な農作業とか山仕事、馬や牛を追って野の道を歩くようなときは、うたう人はその場でおもいおもいに仕事のはかどりにあわせ、自分の好みと気分のおもむくまま「いきづかい」に合わせてうたってきた。

たとえば京都府の丹波山地の南縁、大阪府に属する摂津との境界付近、京都府の亀岡市と大阪府の高槻市の境のあたりは、むかしから寒天の産地として知られてきた。夏のあいだに海辺の村で採った海藻のテングサを、この山の村に集め、煮てしぼった汁を冬の夜の天然の寒気にさらし、寒天をつくる。奥丹波の村々は、冬の農閑期に京都の伏見や、兵庫県西宮の灘の酒造地に、杜氏《とうじ》とよばれる酒造り職人に出るので知られるが、亀岡や高槻の寒天造りの職人も、おなじように丹波の山村から冬場に出稼ぎにくる人たちであった。竹内勉氏は、この人たちが寒天造りをしながらうたう唄を調査され、「寒天造り唄」と名づけられ、一括されているものが、その現場ではさまざまに歌いわけられていることをつきとめられた（竹内勉『日本の民謡』昭和四十八年、日本放送出版協会刊）。唄そのものはひとつであり、どれもほとんど節は変わらないにもかかわらず、「晒《さら》し」、「地干し」、「棚干《たなぼ》し」、「搾《しぼ》り」、「裏返し」と、寒天づくりの作業の工程によって歌いわけられている。ひとつの工程が要求する体位、姿勢と動作、息づかいが、それにふさわしい曲調を生み、それにみあったはやし言葉や発声を生みだしたわけである。

しかもこの仕事唄は、けっして独自のものではなかった。寒天造り人たちの郷里である奥丹波の村々にゆくと、おなじ唄が「糸ひき唄」、「田の草取り唄」、「桑もぎ唄」としてうたわれてきたことも、竹内氏は確認されている。結論としていえることは、丹波の「寒天造り唄」は、奥丹波の村の「野良唄」として、田の草とりから桑もぎ、糸ひきとなんでもうたわれていたものを、寒天造りに出稼ぎした人たちが、仕事先で口ずさむうちに定着したものであった。それはテングサを「地干し」するときは、腰をかがめてよつんばいになってうたうので、「田の草取り唄」風の唄になる。テングサを「晒し」にするため地唐臼《じからうす》を踏むときは、米を精白するときの踏み臼の唄としてうたうことになる。考えてみれば奥丹波の村の人たちが亀岡の山中で寒天をつくるとき、そのための仕事唄をわざわざ作曲することはない。郷里で農業するときにうたう唄を、適当に流用したわけである。

うたい方の地域性

竹内氏は右の事実を紹介されたあと、「仕事唄などというものは、仕事のリズムによって曲節まで変わってくるものだということを、このとき、改めて思い知らされた」とのべていられる。ここで仕事のリズムとよばれているものは、いうまでもなく仕事する人の動作である。音楽家たちがいわゆる「リズム」として抽象して認識し、他から離れて自立させてとらえるものではない。それ以前の仕事をする人の姿勢や体位、仕事の手順からくる息づかいとか同僚との協力のありかたなど、作業の構造そのものの律動である。仕事をし、かつ歌う人の肉体の、その場における呼吸と脈搏、筋肉と精神の曲節である。むかし、唄が生活と密着してうたわれたというのは、この事実をさしている。また、こういう歌いかたをしたから、人々にもてはやされ、流行した唄ほど、各地にそのバリエーションがつぎつぎ発生したと考えられる。

おなじ新潟県の佐渡の島のなかでも、小木の「おけさ」と両津のそれとは、曲調にちがいがあるという。まして本土の新潟や、寺泊などの「おけさ」とのあいだには、より大きなちがいがあるだろう。こういう現象は、もちろん村や町などの地域社会が、以前はそれぞれ自身で独立した小宇宙を構成し、相対的ではあるが閉ざされた社会を形成していたことのあらわれであり、両者は密接不可分の関係にある。けれども、この自立性とか閉鎖性というのは、けっして抽象的に存在していたのではない。こうした概念で現象を説明し、レッテルを貼るのははなはだ便利で、ことは終わったように思えるが、それだけでは真相に切込む力はまだよわいといってよい。

というのは、いま私たちがふつうにうたっている歌謡は、すべて正調の作品である。いずれも歌謡として存立する必要条件を満たし、完結した曲調をもっている。われわれは無数にあるそれらの歌謡のなかから、自分の気持ちにあうものを探し、選んでうたう。歌謡とはそういうものと考えている。これに対してむかしの唄、厳密に民俗歌謡とよぶべきものは、歌謡として完成され、自立した作品群ではない。つねにうたう人の好みにあわせ、その場の空気や仕事のはかどりに合わせ、気分のおもむくままうたう唄であった。とすると、ひとつの唄に無数のバリエーションがつくられ、それが地域的に一定の傾向をもってまとまる素地は、まさに最初から、唄のうたいかた、唄に対する人の考えかたのなかに存在していたことになる。逆にいうなら、こういう唄のうたいかたこそ、地域社会の独自性をつくりだす原動力のひとつであった。たとえ表街道からはなれていても、裏街道によってみずからの世界を維持し、表面からは窺《うかが》えないような社会文化の重層性をぶあつく築いてきた根拠も、こういう具体的な力のなかに、人の生きざまのなかに存在したといえるだろう。

すたすた荷う鮎

芭蕉の俳諧七部集のひとつ、『炭俵』に収められている「空豆の花の巻」、歌仙の名残表十一句目と、十二句目に、

名月のまに合せ度芋畑　芭蕉
すたすたいふて荷《にな》ふ落鮎　孤屋

というのがある。川魚のアユは、夏のあいだに成長をとげ、秋になるころから産卵《さんらん》のため、落鮎となって河口にむかって流れを下りはじめる。「すたすたいふて荷ふ落鮎」とあるのは、山の村の人が簗《やな》かなにかで獲った落鮎を桶の水にいれ、天秤棒で担いで生きたまま、都会の料理屋などにはこぶ姿をよんだものだろう。旧暦の八月十五夜、中秋の名月にまにあうよう、大きな葉を繁らせている里芋畑の道というのだから、おそらく盆をすぎたころの、日中はまだ暑い日射しのなかを、荷を担いでいそぎ足で追越していった人の後姿が想像できる。

京都府下の丹波の村で聞いた話である。丹波は山陰道の国であるが、口《くち》丹波とよばれる地域は表日本の淀川水系に属している。明治の末ちかく、淀川の河口、大阪の毛馬《けま》に閘門《こうもん》がつくられるまでは、淀川から遡《さかのぼ》ってくる天然アユがおもしろいように獲れた。ここは海に遠い山の村であることから、夏のあいだに獲れるアユは、焼いて保存し、年間を通して人々の重要な動物性タンパク源となり、あわせて大きな現金収入源ともなった。というのは、たとえばいまは船井郡の日吉町に編入されている世木の天若《あまわか》は、保津川下りで有名な保津峡を通り、丹波の材木を京都にはこぶ大堰《おおい》川の筏流しの中継地として繁昌した村であった。中乗りとよぶ筏《いかだ》師が数多く住み、幕末の安政年間（一八五四～六〇）、京都御所造営のとき、北桑田郡山国村（現在京北町）の常照皇寺境内から伐り出した五十尺の檜材を流したときの賑わいは、いまも老人たちが伝えている。

ところが、この大堰川は、毎年五月の十五日から九月十五日まで、沿岸の村々が流れをせきとめ、用水を田にひくので筏が流せなくなる。そうすると天若の人たちは、夏のあいだ川でアユを獲り、これを生きたまま嵯峨や嵐山あたりの料理屋にとどけた。これは大正の末から昭和のはじめのころ、一日一往復で四円の収入となった。当時、都会で大工さんの日当が最高で一円五十銭、二円にならないころの相場であったから、ほかの手間稼ぎにくらべて格段によかった。村では田畑の仕事はほとんど老人や女手にまかせ、若い男はたいてい夏場はアユで稼いだ。山の村は平地がすくなく田畑がせまいから、不足する飯米をよそから買うため、昔からどうしても現金収入が必要だったのである。

先の付け合いの「すたすたいふて荷ふ落鮎」というのは、この情景をさすのだろう。氷も、冷凍・冷蔵庫もなかった時代に、都会で鮮度の高いアユといえば、生きたまま運んだもの以外にない。右の天若の老人に聞いた話では、直径一尺三寸の桶に水をいれ、そのなかに十五匹から二十四匹ほどのアユを泳がせ、これをふたつ、天秤棒にかついで山道を急いだ。途中、桶の水温があがるとアユがよわるので、だいたい半里（約二キロ）ごとによい水のわく井戸のある家と契約し、そこへたち寄っては冷たい水ととりかえた。また、もともと急流にすむ魚だから、静かな水のなかでもよわるので、わざと腰で調子をとり、肩の天秤棒をしなわせ、桶を上下にゆさぶり小走りにあるいた。小さな桶のなかにたくさんのアユを泳がしているので、水中の酸素をすこしでも増そうとして、わざと水をはねかえらせたとも考えられるがとにかく、「すたすた」と形容されたアユの荷のあるきかたは、こういう歩きかたであった。

ナンバの身のこなし

肩の天秤棒をぎしぎしとしなわせる歩きかたは、もちろん右の生きアユの荷だけではなかった。イワシ売りをはじめ、一般に鮮魚の行商人たちはみな威勢よく棒をしなわせてあるき、はずんだ売り声とともに、荷のなかで魚が勢いよくはねているように思わせた。また、これと正反対のあるきかたをしたのは、金魚売りであった。夏の風物詩として親しまれた金魚売りは、天秤棒の弾力を利用して逆に振動をころし、棒の両端に下げた桶の水がはねないよう、日盛りの町を特有のよび声とともに、ゆっくり身体ごと調子をとってあるいた。

いずれにしても、こうした棒使いをするには、身体中の筋肉がバネのようにきたえられていなければできることではない。とくに車も通らない山坂の細い道を、棒一本で前後に水をいれた重い桶をさげ、調子をとって「すたすた」あるくには、下半身がとくにつよくなければならない。それも、ただつよいとか、鍛えられているというだけではない。こういう働きができるような身のこなしがあり、歩きかたがあり、小さいときから見よう見まねでおぼえこみ、身につけてきた運動の型とコツがあった。

それは、芸能界でナンバとよばれる身のこなしに通じる半身の構えである。だれかに力を添え、合力することを「肩入れする」という。本気になって力をだすのを「腰をすえる」とか、「腰を入れる」などという。天秤棒を使うこつもそのとおりで、右で担ぐときは右肩を前に出して半身にかまえる。左足で地面を蹴って右足を前に踏みだすとき、左手を後に振ってはずみをつけ、右腰、右肩、右手を前に押しだし、このほうに力をいれて進む。学校の体育の時間にならう歩きかたは、これと正反対である。私たちは左足を前に出すときは右手を前に出し、右足を踏み出すときは左手を前にふる。左右交互に、おなじ間合いでイッチ・ニッと調子をとって歩く。そのとき、後足で地面を蹴って進むと、いわゆるどたばた歩きになる。そうならないよう、足を踏みだしたらそちらへ直ちに体重を移し、背筋をのばし、足の膕《ひかがみ》をのばして姿勢よく歩くということが、くりかえし強調されている。

この歩きかたは、日本の伝統にはない。西洋音楽にあわせた西洋式の歩きかたである。明治以後の軍事教練と兵式体操により、われわれ日本人は軍隊と学校の両方で、徹底的にこの歩きかたを教えこまれてきた。軍隊の経験のある人、あるいは中等学校以上で軍事教練をうけた人なら、教官がいつも「ひかがみをのばせ」と口やかましく叱咤《しった》した記憶があると思う。剣付鉄砲を担いで分列行進をするとき、膕がのびないのは、後足の爪先で地面を蹴るからである。教官たちの頭には、映画でみたナチス・ドイツの突撃隊の、カッコよい歩きかたが手本になっていたのだろう。しかし、踏みだした足のほうに体重をただちに移し、姿勢よくのびのびと歩くのは、平坦な国土の、平坦な道で育った大陸民族の歩きかたで、いつも目と鼻の先に山をひかえ、曲りくねった細い山道を歩いてきた日本人には、なかなかまねできない。山道では大なり小なり後足で地面を蹴り、身体を斜め上に押上げないと、前に進むことはできないからである。

長野県の方言では、走ることをトブという。おそらく跳《と》ぶということだろう。後足で蹴る山道の歩きかたを急ピッチにしたら、まさしく跳ぶという表現にふさわしい走りかたになる。山国らしい言葉といえるが、実際、大多数の日本人にとって、前に踏みだした足に体重を移すだけで前進できる平坦な世界は、ほとんどかぎられていた。つい先祖伝来の、山国育ちの地金がでるわけである。このことは生活のすべての分野で西洋化の進んだ現代でも、まだまだ残っている。天秤棒で荷物を担ぐときは、この後足で地面を蹴る歩きかたに、半身の構えを乗せたかたちになる。このとき、もしも西洋風に左足と右手、右足と左手を交互に前に出して歩いたら、いっぺんに腰がぬけ、荷物の重さにふりまわされ、身体の重心さえとれなくなる。右が得手《えて》なら右肩で棒を担ぎ、右足といっしょに右肩と右手を前に出す。半身にかまえ、右の腰を基軸に右足と右肩を同時に主導させ、右、左、右、左、と歩くと、棒のバネと腰のバネがはじめて一致し、重心が安定する。

ナンバと半足ワラジ

この半身の構えについて、武智鉄二氏は演出家の立場から、芸能界でナンバとよびならわしてきた身ごなしと関連づけて、詳細に論じていられる（『伝統と断絶』昭和四十四年、風濤社刊）。氏の指摘のとおり、クワで田畑を耕すときも、田植えするときも、稲刈りするときも、右利きであれば右足を一歩ふみだし、右手を前にして仕事をつづける。この身がまえは、日本人の伝統的なすべての動作の基本になっている。剣道で右手を先に、右足をふみこむ姿勢は、左足の跳躍にささえられている。柔道のたち合いにしても、相撲の四股、突張りもおなじで、右手を突出すとき右足を踏みこんでいなければ、鉄砲の効力はゼロである。さらには歌舞伎のなかに、逆ナンバとよぶ型があった。右足をふみだすとき、ナンバの作法で右肩を前に出すが、そのとき右腕だけを逆に後に振る歩きかたで、これで生産に直接関係しない人の動作を示そうとして工夫されたという。半身のかまえは、われわれ日本人にとって、本来はもっとも自然で、基本的な働く姿勢であったわけである。

そして明治政府は、徴兵制による近代軍隊を創設すると、旧来の個人戦闘を全面的に否定し、火砲と連携する集団戦闘をたてまえとした。そのため、機敏な団体行動に耐えられるよう、西洋風の行進法を西洋音楽、とくに唱歌の教育とあわせ、あらゆる機会に国民に徹底しようとしてきた。軍事教官が、二言目に「ひかがみをのばせ」と叱咤したのも、そのあらわれである。その結果、少なくとも上半身のナンバの身ごなし、半身の構えは、特別の場合以外は表面から姿を消したと説かれている。もっとも、その軍隊が第二次大戦末期に絶望的状況に陥ると、地金があらわれて、軍靴を脱いで地下タビにかえ、半身にかまえた挺身《ていしん》斬込隊を生んだのは皮肉である。が、それはともかくとして、この半身の姿勢をささえる下半身のバネは、むかしの人は子どものときからの訓練により、おどろくほど強《きょう》靭《じん》であった。

ゲタ、ゾウリ、ワラジなど、日本の伝統的な履物類には、西洋の靴のようなカカトにあたるものがない。そればかりか、以前はアシナカ（足半）とか半足ワラジとよぶゾウリがあった。その名のとおり足の裏の前半分しかないゾウリで、山坂を歩く人も、田や畑で働く人も多く愛用した。後足の爪先で地面を蹴る歩きかたをしていれば、西洋靴のカカトに相当するものはまったく不必要である。まして足腰の十分に鍛えられている人が、ナンバの身ごなしで重い荷を担ぎ働いたり歩いたりすると、カカトが地面につくひまはないから、半足ワラジのほうが軽快でよいということになる。生きアユの荷を天秤棒で担いで山道を急ぐときなど、うってつけの履物であったわけである。

とすると、以上のような身ごなしや歩きかたも、かつて祖先たちの日常をささえる重要

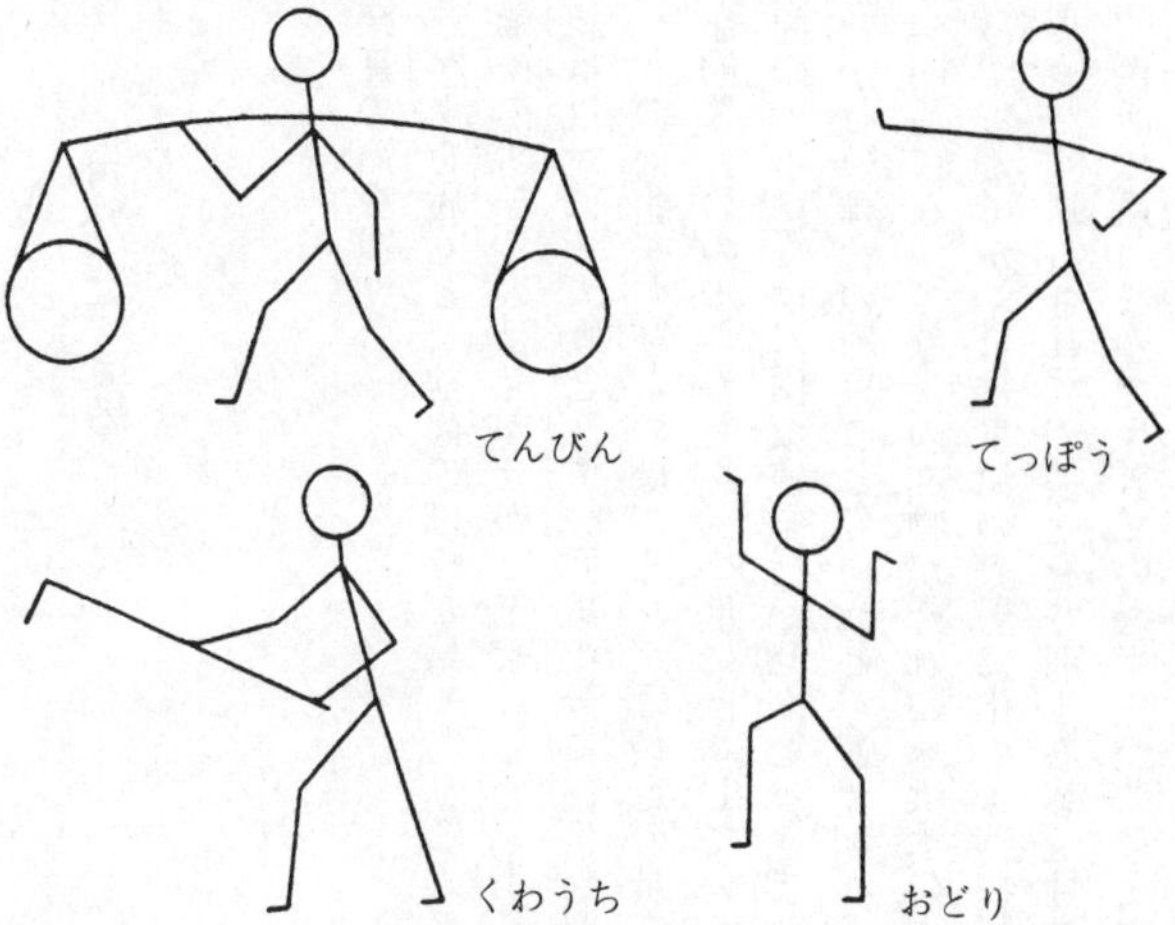

ナンバによる身のこなしの図

な力であったことがわかる。どれほど表街道の賑いからはなれていても、生まれた村を見捨てることなく土着の生活が貫けたのは、上記の歩きかたや身のこなしによることが大きかったろう。山坂に負けずに重い荷を負い、必需品を手に入れるのを可能にしたのは、この歩きかたと身のこなしであったからである。このことは、馬の通らない道を牛で通い、民謡に無数のバリエーションをつくってきた祖先たちの、日常平凡な息づかいや生きざまと根源的に通じあうものがある。

3　自然に生きる

奈良の滝坂道

ゲタを履くと、前歯のほうが早くちびる人と、反対に後歯のほうからへる人とがある。前歯のちびるのはせかせかと気ぜわしく、小心者とかカンシャク持ちといわれる。後歯の組は反対に大人物として、冗談半分に性格判断の材料にされてきた。しかし考えてみると、ゲタの前歯がちびるのは、それだけ後足の爪先で強く地面を蹴って歩くからであり、古風な働きものの歩きかたを、律儀《りちぎ》に伝承しているタイプといえそうである。これに対して後歯のへるほうは、山坂道をせかせかと歩きまわる生活から離れた有閑人ということになり、むかしの舞台の約束ごとでいうと、逆ナンバで歩くのが似つかわしい。

明治になって欧米の文物がそれこそ洪水のように押しよせ、意図するとしないにかかわらず、とにかく日常生活の表層に山のように積みあげられてきた。いまの日本人はそれにまったく馴らされて、彼此《ひし》を弁別する感受性も能力も麻痺《まひ》している。そうなる以前の伝統的生活体系のなかで生きていた祖先たちにとって、たとえば西洋風のカカトのある靴などは、なんとも理解のできないシロモノであった。幕末の安政五年（一八五八）、下田、箱館以下の五港が従来の長崎に加えてあらたに開港場となり、江戸・大坂に外国人の商用のための滞在がみとめられた。西洋人の姿が人々の目にふれる機会は急に増えはじめたが、そのとき庶民のあいだでつぎのような噂がとりかわされた。西洋人の足にはカカトがない。

奈良市・旧柳生街道の敷石

彼らの履物の後のほうに大きなつっかい棒がついているのはそのためで、彼らは胸をどついたらすぐ仰向けにひっくりかえるという。この話は攘夷の志士たちのひろめた形跡がある。

剣道でも柔道でも、立ったときの静止の姿勢は、軽く爪先のほうに重心をかけ、膝はころもち曲げ、足のカカトは少し浮かし気味にするのが基本になっている。この点、重い革靴をはいて足の裏全体を地面に密着させる不動の姿勢、気をつけの姿勢は、あらゆる動作がこれから出発するといいながら、日本武道の自然体とは原則的にちがっている。歩くときも、むかしは手を自然に垂れ、ことさら振るようなこともなかった。ナンバの動きをする肩にあわせて動かす程度であった。写真は奈良市の春日山（御蓋山《みかさ》）の南辺を通っている柳生街道、滝坂道とよばれるものである。このあたりは春日の原始林とよばれる鬱蒼《うっそう》とした照葉樹林に覆われ、春日奥山に水源をもつ能登川の渓流ぞいに道が通じているが、これは奈良から柳生を経て山城の笠置《かさぎ》に向かい、柳生から月ヶ瀬を通って伊賀上野に出るむかしの街道である。中世には奈良の東、伊賀境までの村々に住んでいた興福寺の衆徒や、国民とよばれた春日社の白衣神人《びゃくえじにん》たちが、いざというときは武装してこの道を走り、本寺、本社に集まった軍用道路であった。

近代化社会への苦痛の跡

近代初頭に柳生但馬守が、柳生から馬でこの道を奈良へ通った話があり、のちには荷駄《にだ》が毎日、伊賀境と奈良とを往復し、奈良奉行の手でいまみるように改修された。だが、この敷石をみればわかるとおり、荷車を通すということはまったく考えられていない。馬も牛もワラジをつけないと、山腹の湧水でぬれた丸い敷石では、足をすべらすだろう。人間もワラジをつけ、足の裏の前半分で敷石のひとつひとつを拾いながら、まるで足の裏に眼があるように足場をえらんで、すたすた歩いた道である。この事情は、表街道中の表街道である東海道や中山道でも、峠道にかかればまったくおなじであった。まして馬の通らない裏街道、あるいは牛も通れない間道、かくれ道ともなれば、事情はさらに明らかである。牛は馬より落着いていて、坂の下りが上手で怪我をしないというが、人間のほうは上りにせよ下りにせよ、急坂に露出している木の根や岩をさぐるようにして踏みわけ、足の裏の前半分で足場をとらえ、跳ぶようにして上体を前に運ばねばならない。

日本人は洋服を着、靴をはく生活になれたはずの現在でも、後からみると靴の裏がみえる歩きかたをするといわれる。戦時中に軍隊生活した人は、銃を担いで分列行進するときは、躾《しつけ》がきびしいから靴の裏が後からみえるような歩きかたをしなかった。平和になったらさっそくメッキが剝《は》げ、地金が顔を出すようになった。国粋主義の横行していた戦争中のほうが、訓練によって西洋風のハイカラな歩きかたをしていたという逆説現象があったことになる。原始時代以来この山国に住みつき、この国土を歩きまわってきた習性は、少

馬籠峠・旧中山道の敷石

なくとも庶民のあいだでは簡単になくならない。緊張すると掌に汗を握るように、道を歩いていて危険を感じると、足の裏にも油汗がでる。これも危険な山坂道を足さぐりで歩いてきた名残りといえないだろうか。この生きた足先を硬い皮靴で包み、なま殺しにして外気を遮断すれば、水虫にならないほうがふしぎである。ことは日本の温暖湿潤な気候条件によるだけではないだろう。

　生活文化の重層構造というのは、漠然と一般的なかたちで存在しているのではない。つねに個々の事物に即して具体的に存在し、私たちの個々の肉体のなかにも歴然とその跡が刻まれている。そのうちもっとも大きなものは、近代化をなしとげ、近代社会に適応するため否応《いやおう》なしにみずからに刻みつけた痛苦の跡といえるだろう。その断層は軍隊に入ったとき、教官から二言目にひかがみをのばせと叱咤されたにがい経験とか、都会に出て、思わず口にした郷里の言葉が同僚に通じなかった記憶など、人さまざまである。が、その表層をとりのぞいたあとに残るのは、この国土に住み、その自然に即して生きてきた祖先の生活誌、その生きざまの残影である。

交易のための努力

　近代以前にあって、人々の日常は自給自足をむねとしていた。たとえば近世の江戸は最大の消費都市であったが、その江戸の町でさえ、現在の都市とはまったく異なった姿をしていた。最大の面積を占める武家屋敷は、構えをひろくとっているだけに古い武蔵野の林野をいたるところに残し、屋敷の一隅に菜園や茶畑があり、桑畑をもって養蚕をし、日常の絹物の自給さえはかられていた。いっぽうの町方は、一部の富裕者の区域をのぞいて生活条件の劣悪さはすさまじかった。公衆衛生の配慮はないといってよかったから、伝染病による死亡率は圧倒的に高かった。当時、人口増加が停滞的であった理由について、しばしば間引きに象徴される農村の疲弊《ひへい》があげられる。だが、これが顕著であったのは生産性が低く、収奪のとくに激しい地方であった。全般的にみれば人口は農村で増加し、余った人口が都市に流入し、そこで伝染病による大量死があって、全体として人口増加が停滞するというかたちをとっていた。

町に出て成功した塩原太助の話などがあるけれど、その数は暁天《ぎょうてん》の星にひとしい。都市に出るのがなにほどか出世を期待できる雰囲気になったのは、明治以降と考えてよい。以前は生まれた村に生涯を送り、土着の生活をつづけられるのが最大の仕合せで、都市への出稼ぎと移住は仕方なしになされることであった。先にのべたように村落における共同生活のシステムが自然に発生したものではなく、村の成員すべての意識、無意識の努力によって構成され、禁忌に守られた習俗として伝承されたのも、村の生活を守るのがなにより大切であったからである。しかも、そうした土着者による自給自足をむねとする村落生活というとき、そこにあった人たちの移動と交易の努力を無視することはできない。

土着の生活をいうのに移動や交易の努力をもちだすのは、すこし矛盾しているように思われる。だが、けっしてそうではない。現代のわれわれは交通や運輸をはじめ、社会のコミュニケーションの手段をすべて機械化し、それを駆使しながら日常を送っている。歴史的にみても、近代の機械化とオートメ化の過程は、個々の生産現場より交通と運輸、物資流通の面でいち早くはじまっている。コミュニケーション手段の非人間化を、他の部門より早くいきつくところまで進行させた結果、われわれはともすると、それの質と量の重さを、実感をもって把握できなくなっている。水や空気に恩義を感じないように、日ごろコミュニケーションのことを考慮の外におく癖がついている。けれど、人間の社会はどれほど自給自足につとめても、完全無欠なものにするのはおよそ不可能である。つねになにかを他に求める必要がある。考古学の調査がすすむほど、交易やそれにともなう人の移動の歴史は原始太古にさかのぼる。人々は所属する諸共同体の再生産のため、その内部での自給自足の生活を維持するためにも、必要最小限の品をもとめて外部世界とのコミュニケーションにつとめ、交易にしたがってきた。

そのために費やされた努力と労力は、手段が機械化されていないため、獲得されるものの量にくらべ、つねに厖大なものがあった。機械力がないために国土の自然に即し、その力に順応しながら、知的にも肉体的にも莫大なエネルギーが傾注された。馬が歩けなければ牛、牛が通らなければ人の肩で、必要最小限の品の入手がはかられてきた。近い時代の例として、京都府船井郡和知町の、ある山村で聞いた話がある。この村の材木に値段がついたのは、行政当局の手で道路の整備のはじまった明治二十年（一八八七）以後のことであった。それまでは大きな品物を運ぶことはできなかったので、山で木を伐り、燃やして灰にし、その灰を俵につめて三里の山道を人の背につけて下り、紺屋に売って一俵二銭の代金をもらった。紺屋ではこれを紺染め用の灰汁に使い、村の人たちはこの代金をためて塩を買い、農具や山仕事の道具の修繕費として鍛冶屋に支払った。炭を焼いて売れるようになったのは、明治も三十年（一八九七）をすぎてからであった。

おなじころ、酒樽の材料として杉材から樽丸をつくり、下駄材の搬出もはじまった。福知山の西北、天田郡の夜久野から山の漆を採りにくる漆掻《うるしか》きをたくさん泊めたが、それは下肥をふやし、田や畑にそれだけ多く肥料がやれるからであった。これは少し極端な例かもしれないが、おなじような山の村は、以前は想像以上に多かった。「塩木をなめる」といい、海浜の塩焼きの村に燃料の薪を供給して塩を入手した例を先に紹介した。都会でも、台所のカマドでできる木灰を買集める商人の姿は近い時代まであったが、いっぽう、山の木を焼き、灰にして出す話は中世の庄園の史料にみえる。村にないものを手に入れるためには、われわれの現在の経済合理性からみて考えもおよばないような、莫大な資源と労力の浪費が行なわれてきた。村にないものを手に入れるためのエネルギーは、村にできるものをつくるためのエネルギーにくらべ、圧倒的に大きな量を必要とした。

土着の生活を維持するには、一見して土着とか自給自足とは正反対の、あるいは縁の薄そうな分野に、かえって大きな力を割かねばならなかった。急坂の岩の根、木の根を足さぐりで拾ってあるく原始以来の爪先歩きは、狩猟や採集、漂泊回帰の生活から遠ざかり、村落での定住生活をはじめたものにとってさえ、なおもいちばん基礎的な、国土の自然に即した生活技能であった。これが私たち日本人の習性となり、今日まで染《し》みついてきたのも、理由のないことではない。

季節の指標

日本の国土は、南北に細長い列島であるため、季節の移り変わりは地方によって大きな相違がある。春早く花をつける梅になると、その開花期は四国、九州の南端で一月中旬、北海道南端では三カ月も遅れて四月末である。桜でも染井吉野の満開は、四国、九州の南部で平均四月五日なのに、北海道南端では五月十日となっている。天文観測にもとづく精密な文字暦の伝来は、遠く六世紀、古代国家形成の過程でなされた。中国の太陰太陽暦が朝鮮半島を経由してもたらされたという。けれども、国家社会の公的な行事と生活はこれで律しても、各地の気候風土に順応してなされる農事の時期まで、もれなくこの暦で告知するのは、容易なことではない。「八十八夜の別れ霜」というのは、立春からかぞえて八十八日目が晩霜の終わりの目安になるということで、立春からかぞえて二百十日、二百二十日あたりが台風襲来の確率が高いというのとおなじである。八十八夜とか二百十日など、日本の風土に適合した注が暦のうえに書き加えられたのは、渋川春海が貞享の改暦（一六八四年）のとき、ある老農の言葉を採用したものと伝える。民間にはよりきめ細かな、その土地の風土に即した自然暦とよぶべき伝承が、文字暦と並行して多く行なわれてきた。

この点、太陽暦の一種で、グレゴリー暦とよばれる文字暦ひとつですべてを律し、この約束ひとつで年間行事のすべてをとりしきっている近代社会にくらべ、近代以前は暦も文字暦と自然暦の二重構造をもっていたわけである。村ごとに土着民の自立の世界がある以上、当然のありかたといえよう。

文字暦に対する自然暦の名で一括されているような、民間で行なわれてきた季節の移り変わりと農作開始の目安の例をみると、たとえば東北の秋田県から岩手県では、コブシ（辛夷）の花のことを種まき桜とか、田打ち桜とよんだ。桜（サクラ）とは、古くサの神とよばれたらしい田の神座（カミクラ）の意味で、サクラの花はふつう農事開始の合図とされ、その花の咲きようは、その年の稲作のありようを予兆《よちょう》すると信じられてきた。東北ではこのサクラの開花が遅れるので、それを待ちきれずにコブシの花をもって苗代づくりの合図にしたわけである。青森県の五戸地方では、白モクレンを田打ち桜とよんだという。「コブシが咲いたら畑豆を播け」といったところもあり、コブシの花が大豆の播種のめじるしになっていた。長野県北安曇《あずみ》郡では、コブシの花がよく咲くと、大豆が豊作といった。「田植え半ばに栗の花」というのも、同類のことわざである。

植物以外に鳥の鳴き声も、季節のめじるしであった。初夏の田植えごろに鳴くホトトギスは、古くから勧農鳥とよばれた。三重県の志摩半島の和具では、ホトトギスが鳴くと麦が稔るといった。「豆まきカッコウ、ヒエ（稗）まきドド（筒鳥）」とか、「トットの口さ種

（種籾）を播け、カンコ（郭公）の口さ豆を播け」という。「はっこん（山鳩）が鳴けば豆を播け」というのもあり、カッコウ、筒鳥、山鳩の初鳴きも農事のめじるしになった。また、春先、山の残雪のありかたも、目安になることが多かった。白馬とか駒ヶ岳という名の山は各地にあるが、いずれも山肌に残った雪が馬のかたちになると、モミを苗代におろすという言い伝えから生まれた山の名であった。富士山でも山の雪が鳥のかたちになるのをめじるしにされたし、青森県の八甲田山では残雪のかたちが老爺《ろうや》の種まきするかたちになるといい、タネマキオッコなどとよばれた。長野県の大町市西北の爺子岳というのも、やはり種まき爺さんのかたちが雪でできるからという。

フォークの論理

これらの例は、いずれも農民たちがながい自然観察の結果を圧縮したものとして、いちいちもっともである。いちおうは文字暦の抽象性を在地の生活に結びつけて欠陥をおぎない、土着させる働きをもつものということができる。けれども、ここで問題になるのは、これらのことわざが、ほんとうに正確なめじるしを提供しているかどうかということを、とことん追詰めてみると、その客観性という点で、やはり曖昧模糊《あいまいもこ》としたものに逢着《ほうちゃく》せざるをえない。たとえば、兵庫県の加西郡では「スマルのいりまき」といった。スマル星（スバル星、牡牛座プレアデス）の出るころに稲刈りをし、麦をまいたと伝える。福井県の漁村ではこの星が出ると、一本釣りに出るといった。これらの例は客観性があり、第三者がみてもいちおううなずける。ところが筒鳥や、カッコウ、山鳩の初鳴きとなると、いささかあやしくなる。毎日毎晩、綿密な観察をつづけているわけではないから、あれが初鳴きと断定するのはかなりむつかしい。まして山肌に消え残った雪のかたちともなると、なおさらである。

実際にその村にいき、あそこに馬のかたちになっている、朴の葉の格好になっている、種まき爺さんのかたちになっているとゆび指していわれても、絵にかいたり写真になっているのとちがい、そうかなと思えばそう見える、そうでないともいえる。極端ないいかたをすると、子どもが空飛ぶ雲をみて、自動車のかたちになったとか、電車になったといっているのとおなじであり、その根拠はまことにこころもとない。第三者の完全な同意を得るには、十分な普遍性と客観性にとぼしい。これを要するに、ことは先祖代々その土地に住んできた人たちが、ながい冬のあいだいっしょに春を待ちかね、少しずつ雪が消え、木の芽のふくらむのをみてきて、それが一定の段階に達したとき、あれがカッコウの初鳴きだとか、山の残雪が馬のかたちになったといいだされ、皆でいっせいにそうだと確認しあう運びになる。

まずは村の人の心のなか、その共同の主観のなかに春がしだいに育ってきていることがすべての前提となる。そうした主観の暗黙の一致のうえに、客観的な自然現象が指摘され、このふたつが感応しあって、その現象に意味がつけられ、農事開始の宣言となる。天の暦数は、純粋に客観的な、第三者にも明らかな指標として暗示されるのではない。人の心と外界の現象、主観と客観の微妙なふれあいのうえに構築されている。それはまさしく、フォーク（folk・常民・民俗）の論理としての、ことよせの論法そのものといえるだろう。

日常生活とのかかわり

村落共同体の健在であった時代には、村の寄合いは出席者の足ぞろえを、最大の眼目とした。村をはなれては生きることのできない人の集りである以上、当然の配慮であった。いくつかの話題を協同で転《ころ》がし、談合のなかで人々の心がひとつのものに纏《まと》まってゆくのを見届けたうえで、最終の結論が全体の承認のうえでなされるように運営された。その過程は、先に宮本常一氏の対馬での体験の報告をもとに考察したとおりであり、その方法が、ことよせの論法であった。列座の中は論理の筋を追って甲論乙駁《こうろんおつばく》するのではない。連歌の座のようにめいめいが連想の環をひろげ、その場の主題にことよせて思いついた話題をつぎつぎに提供し、語りあう。そして人々の心がひとつのものに融けあいはじめた潮時をみはからい、長老たちが村の先例やむかしの体験を語り、それにことよせて最終の決断がなされる。長老とか指導者の腕前は、その潮時の掌握のしかたにかかっていたともいえる。

むかしの人が先例故格を珍重し、故事来歴譚を憶えることをもって処世の術、人生の学問とみなした理由も、このあたりの機微にもとづいていた。封建社会に特有の、旧例墨守《ぼくしゅ》の守旧性というだけではすまない問題があるように思われる。たとえば禅宗の教団で公案《こうあん》とよばれるものは、公府の案牘《とく》の略であったという。公府の案牘とは、もとは裁判所の判例という意味であるが、それを土台に公案という熟語がつくられ、禅宗教団の先例という意味になった。したがって、この公案も、乾いた抽象の原理として万人を規制するものとは、質を異にすると説かれている（柳田聖山「禅の歴史と語録」『世界の名著　続３　禅語録』所収、昭和四十九年、中央公論社刊）。真理であるにはちがいないが、純粋に客観的なそれとして、教団員個々の思念から自立しているものではない。只管打坐《しかんたざ》といい、坐禅しないものには所詮わからないといわれる。おなじ教団に所属し、共同の「行」を積む修道者個々の実存に直接かかわっているような、そういう教団に共有の先例である。教団員個々の主観と感応しあうのを前提として存立しているような真理であり、客観的存在といいかえてもよいだろう。

　この構造は、村の談合で長老たちがたくみに潮時をとらえ、人々の心のうねりをみはからって先例をもちだし、自分の体験談などにことよせ、人々を最終の決断に導いていきたのとおなじといえる。だからまた、筒鳥が鳴いたら大豆の播種にかかるとか、山の残雪が馬のかたちにみえるようになったら苗代ごしらえにかかるというような、村々に伝えられてきた種々のことわざの機能とも、原理的に通じあっている。禅家のいう公案を教団内での

「行」と切り離し、ただその字面《じづら》を追って立論するだけでは、理解できることはひとつもない。おなじように、村落に伝わる種々のことわざも、その自然風土と密着した村人の日常生活からはなれては、なんの意味ももちえない。

暦と月齢

つい最近、歴史専攻の学生から、『続日本紀』など六国史《りっこくし》をよむと、日食の記事がいつも月の朔日《ついたち》にあるのはどういうわけかと、真顔でたずねられた。旧暦は太陰太陽暦とよばれているように、四季の運行と月齢の両者が勘案されている。月の一日は新月、十五日は満月にあたる。一日は月が日中に天空にある日だから、日食はこの日に起きる。それでなければ暦のほうが、計算をまちがえたことになると説明すると、やっと納得したらしい。太陽暦の採用は明治五年（一八七二）であるが、のちに電灯の普及が加わって、月齢に対する知識も感覚も、急速に失われて今日にいたっている。質問した学生もさることながら、答えた筆者自身、日ごろ月齢などには無関心ですごしている以上は、いちおうの知識として頭のなかで知っているにすぎない。

〝他人おそろし　やみ夜はこわい
　親と月夜は　いつもよい〟

という子守唄がある。狂歌のなかにも、

〃世の中は　いつも月夜に米のめし
　さてまた申しかねのほしさよ〃

とある。電灯のない時代には、月明は米の飯や銭金に匹敵《ひってき》するほどありがたいものであった。「やみ討ち」という言葉、「やみ夜の晩もあるのだぞ……」という脅しをはじめ、月齢に関連する表現の多いことも、関心のふかさを示している。われわれは今日は水曜とか木曜日といい、日曜まであとなん日などと数える。要するに社会生活の必要からつくられた約束にしたがい、日々の生活がなされる。むかしの人にとって一日とか十五日、八日とか二十三日などといえば、まずその日の月明の度、月の出、月の入り、海に近ければ潮の干満の時刻に加え、その度合いまでただちに連想された。自然との密着度ははるかにつよいものがあったわけである。

これに関連して失敗の経験をのべると、夏の終わりをつげる行事として有名な京都の大文字について、つぎのような不正確な文章を書いたことがある。この行事は盆の送り火として現在は八月十六日の日没直後、観光客へのサーヴィスをふくめ、繁華街のネオンを消して行なわれる。これが旧暦の七月に行なわれていた時代は、十六日は満月の翌日で、真夏にくらべれば日射しもいくぶん短く、日没のあと十六夜《いざよい》の月の昇るまで、しばらくの時間がある。大文字の火はそのわずかの時間にあわただしく燃えあがり、祭りおえた諸精霊をはるか天空の彼方に送ってきた。盆のはじめの十三日の魂迎えには、夕日が西山に沈むころは月は東山のうえに昇っていて、その薄明のなかに町角で線香を焚《た》き、その煙にのせて祖先の霊を迎える。

十六日の送り火は、あたりが暗くなりはじめても月の出はおそく、山肌は黒く沈んでいる。そうした情景のわずかなちがいが人々に盆の三日間の記憶をよびおこし、祖先の霊とともにすごした時間の経過を、しみじみと想起させたろう。ネオンの灯を消したら昔の情景がよみがえるというような、単純なこととはちがっているというのである。しかし暦の本をみると、十六夜の月の出と日没の関係は季節による移動があり、立春から春分のころの月の出は遅く、日暮れのあと一時間である。立秋から秋分のころはいちばん早く、日没の一時間前に月が出るとあった。それに京都は周囲が山であるから、月の出の時刻が十三夜と十六夜でちがうことから、その間の時間の経過は実感されたとして、実際の月の出の時間とその情景は、実地についてみないとわからない。

筆者の文章は、不正確な知識にもとづく迂闊《うかつ》な推論にすぎなかった。日食が朔日に集中しているのを疑問におもった学生と、五十歩百歩である。むかしの人は、こういうまちがいはけっしてしなかったろう。これまで述べてきたように、私たちの生活文化のなかには祖先たちのそれが、かくれた層となって沈着している。われわれの日常は思いがけない部分で過去とつながっている。だがいっぽう、思いがけない個所では、過去と完全に断絶し、常識が通用しない状況になっている。維新以来の歳月と、近年の高度成長の結果、自然のなかに生きていた祖先たちの土着の生活との回路は、よほどその心算《つもり》にならなければ、発掘も復元もできない。ことよせの論法ひとつにしても、その形骸《けいがい》の指摘だけに終わりかねない。

第四章　マレビト論再考

村のはずれの念仏堂と庚申（佐渡）

1　折口説と柳田説

「妣が国」の着想

柳田国男とならぶ日本民俗学の先達である折口信夫は、大正九年（一九二〇）に発表した論文「妣《はは》が国へ・常世《とこよ》へ」（『古代研究（民俗学篇）』所収、全集第二巻、昭和三十年、中央公論社刊）のなかで、みずからの学問の出発点をつぎのようにのべている。

十年前、熊野に旅して、光り充つ真昼の海に突き出た大王ヶ崎の尽端に立つた時、遥かな波路の果に、わが魂のふるさとのある様な気がしてならなかつた。此をはかない詩人気どりの感傷と卑下する気には、今以てなれない。此は是、曾ては祖々の胸を煽り立てた懐郷心（のすたるぢい）の、間歇遺伝（あたゐずむ）として、現れたものではなからうか。

ここで提起されているのは、はるか大海原の彼方にあるという常世の郷《くに》に対する原古の信仰の、よみがえりである。そうした信仰のアタヴィズム（atavism）、間歇《かんけつ》遺伝とも先祖返りとも訳される現象は、その字義どおり、折口信夫個人にのみあらわれた一回かぎりの現象ではない。たとえば古代末から中世にかけ、この紀州熊野の浦から、多くの補陀落《ふだらく》渡海者がでた。彼らは南方海上にあるという観音菩薩の住む補陀落浄土にあこがれ、二度ともどることのない舟路の旅にでた。

折口信夫の人と学問について論じる人は、しばしば右の文を引用し、彼が生涯の課題とした常世の郷からのマレビト（賓客《ひんきやく》）に対する信仰の原起点をとらえようとする。かつて熊野の浦から補陀落渡海をねがった人たちのなかには、海の彼方に帰るべき故郷を想った原古の信仰が、古代末から中世という歴史の大きな転回点にあたって、その時代の思潮そのものの姿をとりながら、激しくよみがえったとみることができる。折口はそのことを十分に承知していたからこそ、自らの感懐をアタヴィズムとよび、自分だけに一回かぎりのひよわな詩人の感傷とはいまもって思えないと、はっきり断定したのだろう。

年譜によると、折口信夫がはじめて志摩、熊野の地を巡ったのは、年号が明治から大正になった直後、大正元年（一九一二）八月であった。前々年の七月に国学院大学を卒業した彼は、翌年の明治四十四年（一九一一）に郷里大阪の今宮中学の嘱託《しよくたく》教員になっている。志摩から熊野へのはじめての旅は、今宮中学の生徒二名を伴い、八月十三日から二十五日までの二週間ちかく、途中で山道に迷い、二日も絶食したはげしいものであった。あたかもこの時期は、明治日本の終焉《しゅうえん》にあたっている。明治四十三年（一九一〇）の大逆事件と韓国併合から、大正二年（一九一三）の第一次護憲運動までの、近代日本の重要な転回点をなしている。折口の脳裏にあらわれた常世の郷にかかわる想念は、彼ひとりの感傷だけにとどまらない条件を、時代のなかに保持していたといえる。

ここでいう信仰のアタヴィズム、隔世遺伝とか先祖返り、間歇遺伝などとよんでよいものは、そのきっかけは一定時代の、すぐれて個性的な活動をする選ばれた人の脳裏に胚胎《はいたい》するとしても、それ自身は、りっぱに一個の社会的存在である。無事平穏の日には、はるか遠い過去の世にあったこととして、その足跡さえ消していたはずのものが、ひとたび時代の屈折点に際会すると、断層の亀裂から熔岩が顔を出すようにして顕在化する。もちろん、それらはそのときどきに独自の歴史的意味を担い、かたちも姿もそれぞれ異なっているが、そこに内在する精神の形質に共通しあうものがある。そのひとつひとつは個性的、一回的であり、ときに独創的でさえあっても、折口信夫が「妣が国への思慕」とか、「常世の郷の信仰」という言葉でまとめたようにして、一定のフィルターをかけてみると、すべては私たちの無意識の根源にひそむもののくり返しとなり、踏襲《とうしゅう》になってしまう。

前章の終わりにのべたように、祖先たちの生活とわれわれの日常とは、つながっているようにみえて、現実にはとだえている。意識して追いかけようとするほどかたちだけが手許にのこされ、精神と本質の部分はとおくはなれ、消えてしまう。けれども、いったんそのことを忘れ、日常のいとなみに没頭しているとき、思いがけない深淵に、過去がそのまま姿をあらわしていることがある。この現象は、折口信夫自身がみずからの体験もそのなかにかぞえて概念化したような、アタヴィズムの名でよぶにふさわしい社会的な病理のひとつといえるだろう。したがって、その構造は、折口信夫がするどい直観によって指摘した個々人の精神のイメージや、心象風景の段階から、時代思潮の範囲におよぶだけにとどまらない。もっとひろく、より具体的な生活のシステム、人々の日常の生活秩序や感覚のなかにも存在し、目にみえないところで、両者はふかく通じあっていると思われる。

マレビト・うかれ人

折口信夫の説くマレビトの信仰は、見知らぬ国からやってくる賓客に対する信仰であり、異郷の神を奉じて遊歴する宗教的旅人、いわゆるホガイビトの存在をぬきに論ずることはできない。この宗教的旅人、ないし芸能者の成りたちについて、後年、彼は、「日本人の神と霊魂の観念そのほか」と題された柳田国男との対談のなかで（『民族学研究』十四巻三号、昭和二十四年、『民俗学について・第二柳田国男対談集』所収、昭和四十年、筑摩書房刊）、つぎのようにのべている。それは、はじめ柳田国男が、「あなたがマレビトということに到達した道筋みたいなものを、考えてみようじゃありませんか」と切りだしたのに答えたもので、

「……何ゆえ日本人は旅をしたか、あんな障碍の多い時代の道を歩いて、旅をどうしてつづけていったかというようなところから、これはどうしても神の教えを伝播するもの、神々になって歩くものでなければ旅はできない、というようなところからはじまっているのだと思います」

「……台湾の『蕃族《ばんぞく》調査報告』あれを見ました。村がだんだん移動していく、それが散乱していた原因になったと思います。それを各《おのおの》詳細にいい伝えている村々の話。また宗教的な自覚者があちらこちらあるいている。どうしても、われわれには、精神異常のはなはだしいものとしか思われないのですが、それらが不思議にそうした部落から部落へ渡って歩くことが認められている。こういう事実が、日本の国の早期の旅行にある暗示を与えてくれました」

とある。

これに対して柳田国男は、

「……いわゆるうかれ人の中には、今の言葉でなら物狂いのような形で、人の心を動かしてあるいていたことは、旧日本のほうには痕跡があります。つまり土地の割には人が多くなり過ぎるということが一つの原因で、いくぶんか後の時代じゃあないかと思う。最初日本人が日本群島にくるまで、必ずしも百人に一人、二百人に一人、そういう者が出て歩くという昔からの習わしでなくて、具体的にいえばある一つの社会変調が起って後にはじめて起るべき現象じゃあなかったでしょうか」

とのべている。

古代文献は、本貫の地をはなれたものを漢字で「浮浪人」、または「浪人」と書き、「うかれ人」と訓ませている。柳田国男はこの用法をふまえたうえ、遊歴する人、その民群という意味で、「うかれ人」といっている。必然的にそのような旅人と彼らの奉ずる神は、柳田にとっては第二次的な存在であった。あるひとつの社会変調が起こって後にはじめて起こるべき現象といっているとおりである。また、これにつづけて、

「……家々の一族というものが自分の祖先を祀《まつ》り、自分の神様をもっているのならば、そのあいだにまずもって優勝劣敗みたいなものがあって、隣の神様はみなの願望によく応じられるが、こっちの神様にはその力がいささか弱いから少しくあっちのほうを拝むというようなふうがあって、それからstranger-god（客神）の信用は少しずつ発生しかかっていたのではなかろうか。すなわちはじめに自分自分の神様をもっている時代があって、それが交際縁組等によってやや相互に交渉ができてきて、優れた神ならばよその神様でも、客神でも祀ってもいい、というふうになったとみることができないでしょうか」

ともいっている。それ自身がマレビトとして、あるいはマレビトに伴われて遠い異郷からやってくる神も、そのもとはやはり、その族団の祖霊であったというのである。

神の原型質でのくいちがい

この対談を通じて、柳田国男の説く神が日本のもっとも古い神なのか、折口信夫の神がそうなのか、神の原型質をめぐる二人の考えが、久しいあいだの師弟関係にありながら、微妙にくいちがっている点が明らかとなった。その意味で、この対談はよく知られている。そして最近では、このとき折口信夫の引用した『蕃族調査報告』に関連して、台湾の高砂族のあいだには、自由に信仰を携えて、部族から部族、村から村へ渡り歩いたような人間は、どうもいなかったらしいといい、折口説発想の根拠に疑問を呈するむきもある（「討論・折口信夫の学問と思想」谷川健一編『人と思想・折口信夫』所収、昭和四十九年、三一書房刊）。けれども、常軌を逸したかたち、常人には理解のできない発狂状態になって所属する群れからはなれ、いわゆる「うかれ人」のなかに身を投じたもののありようは、「旧日本の方に痕跡がある」といっているように、柳田国男のほうがいちはやく、日本の民俗のなかに残留形態をさぐりだしている。

明治四十三年（一九一〇）に公刊された『遠野物語』一巻（『柳田国男集』第四巻所収、昭和三十八年、筑摩書房刊）は、柳田民俗学の出発点のひとつになっているが、そのなかには陸中（岩手県）遠野地方で、女性がしばしばヒステリー状態で山に奔《はし》り、いわゆる山女になった話が多く収められている。この問題は、そののち、大正十四年（一九二五）に発表された『山の人生』（『柳田国男集』第四巻所収）のなかでさらにふかめられ、男性の事例、山男の話も多くつけ加えられた。群れから脱落した人、脱落せざるをえなかった人の足跡をたどり、われわれの歴史のなかの隠れた部分、影の歴史にふかい省察がこころみられた。この書の巻頭ちかくに「凡人遁世の事」という節があり、つぎのようにのべられている。

近世の武人などは、主君長上に対して不満の有る場合に、無謀に生命を軽んじ死を急ぎ、さらば討死をして殿様に御損を掛け申すべしと、謂つたやうな話が多かつた。戦乱の打続いた時世としては、それも自然なる決意であり得たが、人の死ぬ機会はさう常に在つたわけでもない。死なずに世の中に背くといふ方法は必ずしも時節を待つといふ趣意で無くとも、やはり山寺にでも入つて法師と共に生活するの他は無かつた。後にはそれを出離の因縁とし、菩提の種と名づけて悦喜した者もあるが、古来の遁世者の全部を以て、仏道勝利の跡と見るのは当を得ないと思ふ。

其上に山に入り旅に出れば、必ずそこに頃合の御寺が有るといふわけでも無かつた。旅僧の生活をしようと思へば、少しは学問なり智恵なりが無ければならなかつた。何の頼む所も無い弱い人間の、ただ如何にしても以前の群と共に居られぬ者には、死ぬか今一つは山に入るといふ方法しかなかつた。従つて生活の全く単調であつた前代の田舎には、存外に跡の少しも残らぬ遁世が多かつた筈で、後世の我々にこそ是は珍しいが、実は昔は普通の生存の一様式であつたと思ふ。

群れを離れる

右の『山の人生』の文章のふまえている事実は、現代風に表現するならば蒸発である。ジャーナリズムでつかいはじめた蒸発という言葉は、行方不明とおなじではない。行方不明とか失踪《しっそう》とよばれるもののうち、その動機が周囲に理解できないもの、忽然《こつぜん》と足跡を断ち、納得できない経過をたどって姿を消したものを蒸発とよんでいる。この現象は現代だけのものではない。人間の群れのあるところ、くりかえし発生してきた。たとえば鎌倉幕府の公式記録であり、史書である『吾妻鏡《あづまかがみ》』は、熊谷直実《なおざね》の出家の経緯を、つぎのように伝えている。彼は久下《くげ》権守直光との所領の境相論がこじれ、建久三年(一一九二)十一月二十五日、ついに将軍頼朝の面前で、両人の対決ということになった。そのとき、武骨一辺倒の彼はおもうことが言葉にならず、ついに逆上して所持していた証拠書類を投げすて、その場をたった。彼は控えの間で刀を抜いて髻《もとどり》を切り、南門から走り出て私宅にも帰らず、そのまま逐電《ちくでん》した。

現代のサラリーマンの蒸発が、人知れず、ひっそりとなされるのに対して、かれは名うての荒武者らしく、公衆の面前でなされた随分とけたたましく、騒々しいもので、逐電とか出奔《しゅっぽん》という表現がふさわしい。だが、陰性と陽性のちがいはあるにしても、周囲のものが納得できず、あっけにとられたという点では、現代の蒸発となにほどか通じあうものがある。直実はこのあと京都に上り、法然の門に入って熊谷蓮生房を名のり、念仏に生きたのは有名である。彼の出家の原因を、すぐる一ノ谷の戦いに平家の公達《きんだち》、無官の大夫敦盛《あつもり》を打ち、それより世の無常を悟ったというのは『平家物語』の論法である。ことの真相は『吾妻鏡』の伝えるとおりだろう。

「君、君タラズトモ臣、臣タレ」という。主君が主君らしくなくても、家来は家来らしくと説くのは、後世の武士団の形骸化《けいがいか》した道徳にすぎない。武士団が戦闘者の集団として現実に機能し、つねに戦火の洗礼をうけていた時代には、家来の奉公と献身は主人の恩顧と対価であった。所属する群れのために身命を賭して働くものが、その群れのなかで坐るべき場所をあたえられないとき、彼の意地は暴発する。それは集団内での正当な権利の主張といった、理性の領域に属する以前の、まさしくエゴの拒絶反応とよぶべきものである。直実の場合は、新しい鎌倉御家人体制のつめたい秩序になじめなかった彼の古風な坂東武《ばんどうむ》者《しゃ》の意地が、この世のすべてを拒否して、彼を逐電と遁世に追いやったのだろう。そして、この世の共同体に絶望したすえ、その群れから脱落したものは、必然的に魂の共同体に身を託す以外にない。法然はそのような直実にむかい、救いの手をさしのべたというべきだろう。

とすると、これは中世の武士たちや、彼らのあいだから輩出した遁世者だけに通じることではない。人間の群れのあるところ、町や村にさまざまな共同体のあるところ、つねにおなじ問題がはらまれていたはずである。わけても村落を中心に所在した人々の連帯は、すでにのべたとおり共同体的平衡感覚とよぶ以外にないような、なかば本能のように仕立てあげられた習俗や禁忌《きんき》、無意識に作動する生活のシステムによって周到に維持されてきた。そこで機能したことよせの論理は、主観を客観にすりよせ、預託することである。客観的事物によって主観を象徴させ、代位させることといえる。みずからの主観をことよせる対象は、村の寄合いの席で提起されることわざとか、先人の経験談だけにかぎらない。村落内に所在し、伝承されている有形無形のすべてのものが、むかしからそこにあるというだけで、無条件にことよせの対象になる。村落の構成員個々のエゴは、こうして生まれついた村のなかに安住の場をみつけてきた。

弱肉強食の論理

したがって、このシステムは、順調に運転しているあいだはよいが、なにかの都合で調子が狂うと、万事が負の方向へと突進しかねない。すべてを預託してきた事物が解体したり、消滅しなくても信頼の基礎がゆらいだら、あとに残るのは呆然《ぼうぜん》自失か、自暴自棄しかないからである。別のいいかたをするなら、かつて村落に存在した人々の連帯は、およそ近代以前の世界に属するものである以上、現在のわれわれが理想とするような、成員個々人の生存の権利を全面的に保証する「福祉の体系」とは、本質を異にしていた。生産が順調に進展し、村落世界の拡大なり充実が少しでもみられるうちは問題ない。いったんなにかの事故があり、天災とか戦乱、疫病《えきびょう》や飢饉《ききん》などで生産の縮小が余儀なくされると、金魚鉢の金魚がよわった仲間を無表情に追いまわすような不条理と、弱肉強食の論理が表面化した。近い時代に例をもとめるなら、近世にいくどか東北地方を襲った飢饉にまつわる多くの悲惨な伝承・記録の類が、詳細にそのことを物語っている（拙著『仏教土着』昭和四十八年、日本放送出版協会刊）。

諸種の共同体が内部にひそませていた如上の非情さとか不条理は、ほかでもなくその共同体自身が絶対の危機をしのぎ、生きのびるための最後の手段という意味を、客観的に担っていた。大の虫を生かすためによわい小の虫が自滅し、自滅させられるのを共同体が無表情にみのがす場合は、けっして珍しくなかった。それが武士団であれば、誇り高き武士はその誇りのために暴発を重ね、死を急いだ。村々の小さなエゴも、武士がその主君に捧げた忠誠に劣らない絶対の信順を重ねてきた村落のなかで、その全身と全霊をあげてことよせ、預託してきたものに裏切られたとき、彼らのエゴの掩護《えんご》物であったはずの、さまざまな禁忌意識が逆にそのエゴを追詰め、発狂状態としかいいようのないかたちで、人々の前から姿を消していったことを考える必要がある。

私たちのエゴの本性が、拒絶反応とよぶしかないような、反射的で前論理的な自己主張の主体になることはすでにのべた。いじわるい見方をすると、そのようなエゴの属性は、しばしば所属する共同体が危機に際して生き残るための、安全弁の役目をつとめたわけである。拒絶反応というかたちでなされる自我の主張は、そのために負の方向に突進し、自滅することで隣人に生きのびる余地をあたえ、まさしく身を殺して仁をなしたわけである。生まれおちた群れのなかでのみ安住の地をもち、近代的自我の群れから離れた意識的な反逆とか、自覚された抵抗などとは無縁の存在であればあるほど、わけもなく暴発するケースは珍しいことではなかった。自殺もそのあらわれであるし、熊谷直実のような逐電や遁世、出家もそのひとつである。だまって群れからはなれて山男や山女になるような、現代語の蒸発にいちばん近いかたちもある。怒りにまかせての行動だけでなく、よるべを失った呆然と自失の過程で、とほうもない幻想をいだき、噂を信じて群れから脱落するものも多かった。いわゆる「うかれ人」の発生の経過は、このように考えられる。だからまた、この「うかれ人」の問題は、人間の歴史とともに古いのではなかろうか。

共同体を構成する個々人のエゴと、所属する共同体のあいだの随順と対立、没我と我執の関係は、人間存在の根源にかかわる要素である。柳田説のように、うかれ人は土地の割に人が多くなりすぎ、ひとつの社会変調の起こったあとにはじめて生起する二次的現象などとは、簡単にはいえないと思う。

「旅」は生存の一様式

柳田国男の『山の人生』にあつめられている山男や山女の話を授業中に紹介しても、以前は半信半疑の顔で、学生たちに信用してもらえなかった。それが昭和四十七年（一九七二）の正月、横井庄一氏がグアム島の密林で発見され、救出されてから、すこし様子が変わってきた。群れからはなれた人間が、山のなかで一人ぼっちになっても生きてゆけるということが、ようやく理解してもらえるようになった。そうした自活能力は、時代を遡るほど多くの人が身につけていたろう。ふだんの食糧事情が悪ければ悪いほど、この植物や昆虫はたべられるとか、毒だという知識は、子どものときから親や年長者に教えられて育ったし、環境の変化に柔軟に適応する能力も、体力も備わっていたはずである。

高等学校の日本史の教科書などで、たとえば班田農民の窮乏による逃亡や浮浪のことが書かれていると、律令政府の過酷な収奪によるほんとうに追詰められた人たちの、孤立絶望的な行為として、ともすると、すべてがあまりにドラマチックにうけとられがちである。もちろん、その要素がなかったというのではない。が、当時の農民は、現代の私たちとはちがっていた。村を出て山林に入っても、それほど努力しなくて容易に原始の採集生活にもどる能力をそなえていた。そこでおりをみて、もとの農耕生活者に復帰することも十分に可能であった。この国土の自然も、いたるところそれが可能であるほどに、未開発のまま残されていた。

群れをはなれてうかれ人になるということは、もちろんいつの時代でも、異常なできごとではあった。だが、その異常さと日常とのへだたりは、時代を遡るほどより近く、隣りあわせになっていた。いま、われわれが享受している無条件に平穏な日常は、つい近い時代になってようやく獲得され、確保されたにすぎない。そのような現代の日常を基準にして過去のそれを推量しては、大きなあやまりを犯すことになる。かつては日常茶飯のなかに、異常性がつねにまぎれこんでいたといってよい。だから、詳細の説明なしに、熊谷直実の遁世の例などもちだすと、逐電とかうかれ人になるということは、よほど劇的な事件のように思われがちである。選ばれた特定の個人の、すぐれた個性的な行動のようにみなされやすい。けれど、実際にはそうした事件の裾野には、もっと平凡な、ドラマにもならない蒸発事件が、それこそ無数にくりかえされてきた。柳田国男自身も、先に引用した『山の人生』の文章の最後の部分で、「生活の全く単調であつた前代の田舎には、存外に跡の少しも残らぬ遁世が多かつた筈で、後世の我々にこそ是は珍しいが、実は昔は普通の生存の一様式であつたと思ふ」といっている。

マレビト信仰の原起点をめぐって

それにしても、たとえば近世後期の東北地方の飢饉にまつわる伝承、記録の類をみると、流民の発生は、しばしばほんのちょっとした契機ではじまっている。もちろん、そうなるまでには数カ月以上にわたる食糧の欠乏、坐して死を待つばかりといった逃げ場のない袋小路の状況のつづいていたのは事実である。だが、そのときもう少し冷静に考えていたら、信ずるにたりない噂であるのは明らかなのに、とりとめのない風説を信じ、ついふらふらと村を出て、結局は行方不明になっている。「貧すれば鈍する」とか、「魔がさす」といった言葉は、こういう事態をいくども切りぬけてきた祖先たちが、身近に起こった経験をふまえ、実感をこめて語り伝えたものだろう。狼に追われる羊の群れがひとかたまりになり、必死になって逃げるうち、なかの一匹がなにかのはずみで気が違ったように群れからはなれ、あらぬ方向に走りだして狼の餌食《えじき》になり、その結果、仲間が助かるのとおなじからくりが、人間の群れにもあるように思えてならない。

民衆宗教とよばれるものが、いつの時代にもくりかえし行なってきたことのなかにも、通じるものがあると思う。眼前にすばらしい奇蹟を生じ、人々を窮迫から解放してくれる救世主の出現とか、超能力保持者の実在を信ずるのも、ことの本質はおなじだろう。そこで説かれることがどれほど途方もない幻想であっても、人々が真剣になって耳を傾け、信じないではいられなくするものは、たんなる生産のゆきづまりや窮乏ではない。そのために生じた現実生活の亀裂と解体、共同体の崩壊感覚がさまざまな幻覚をうむ。この世によるべを失い、みずからの主観をことよせる対象を失ったものから、まるで夢遊病者のように行動をはじめたといえるだろう。とすると、こうした現象は、明らかに人間の歴史とともに古いはずである。生まれおちた村からはなれ、群れから斥出《せきしゅつ》されて「旅」の身となり、「うかれ人」のなかに身を投じたものの姿は、太古からあったのではなかろうか。

折口信夫の説いたマレビト信仰の原起点をめぐり、柳田国男は先に紹介した折口との対談のなかで、物狂いのようなかたちで人の心をゆさぶりつづけてきた「うかれ人」は、社会の変調の生起したのちに発生する第二次の現象といいきっている。村々に定住するものが、一定の族団なり民群ごとに祖先を祭り、共同の神さまを祭るのが本源的な第一次の形態と論じている。しかし、そのような村々に定住している諸共同体は、そもそもの当初から自分自身の影のようにして「旅」をもち、「うかれ人」をつくりだしていたとみなければならない。その存在を前提にしないような村や群れは、そもそもありえなかったのではなかろうか。この両者を発生史的に前後に序列づけ、「うかれ人」をもって単純に第二次的とはいえないと思う。

前記の柳田・折口の対談は、第二次大戦後の昭和二十四年（一九四九）になされたものであった。この前後のころ以降の柳田は、彼の説く祖霊信仰をもって第一義の存在とみなすいささかかたくなな傾きがある。それよりも山男や山女の発生をめぐり、凡人遁世とよべる群れからの脱落が、むかしは普通の生存の一様式であったといっている『山の人生』など、壮年期の著書のほうが事実に即して帰納的であるだけに、折口の直観的把握に多く依拠しているマレビト信仰の論を、ひろく民俗事象のなかで正面きって実証する可能性が高いように思われる。

2　マレビト信仰の根底

土着をささえたエネルギー

東京の多摩丘陵の団地アパートの３ＤＫに住む人と、大阪の千里丘陵の団地アパートに住む人が、たがいに職場と住居を交換したら、二人はその翌日からそれぞれ新しい家で、先住者とおなじ生活をはじめるだろう。私たちの日常の居住空間は、こういう互換性に富むことをもってより近代化したと考え、生活合理化の所産とみなしてきた。近世後期の浮世絵の大家、葛飾北斎は生涯にわたって九十三度も転居したと伝えるが、これは江戸の下町という特別の社会に住んだ特別の人の話である。大多数の祖先たちは、代々うまれた家に死ぬまで住み、それを子孫に伝えてきた。宅地と住居もろともに、家の稼業を伝えた。そこで住居というのは人それぞれがかけがえのない生命をゆだね、その人自身の生活をいとなむ場所（place）というきわめて個性的で、具体的な実体であった。それがしだいに抽象化して、太陽と美しい緑、きれいな空気にかこまれた居住空間（space）であれば、どこでもよいというようになりはじめた。

近代にあっては、あらゆるものが一国の単一市場のなかで等価交換される。住居もまた、その埒外《らちがい》にありえない。われわれの住居に関する概念はしだいに伝来の実体を失って抽象化し、そのことによって互換性をつよめてきた。居住の place（場所）から居住の space（空間）への転化とよばれる事態である。ところが、このような大きな変動を経過して、流動性に富む現代に住みなれてしまうと、こんどは逆のかたちでひとつの偏見が発生する。近代以前の生活は土着を原則としたとか、大多数の人は生まれた家に生涯を送り、死ぬまでその村や町の一員として、先祖代々の家業を継承したというと、文字通りそういう土着の生活を、現代の流動性の対極にあるものとして、単純に理解してしまう。とくに都市化の喧噪《けんそう》のなかで深刻な疎外感をいだくものは、この傾向がつよく、現状に反発する自身の感情を過去に投影し、過去を自分の主観にあわせてとらえやすい。

私たちの住居が互換性に富む非個性的で、抽象的な居住空間に近づいてきたことの背後には、近代に出現したコミュニケーション手段の極度の発達という事態がある。日本人は水と空気と安全は無料と考えてきたというが、もうひとつ、交通運輸や交易、情報獲得の手段もあまり便利になると、そのことのもつ意味の重さが、ついつい念頭から消えてしまう。そのため、近代以前の土着の生活というとき、そのアウタルキー（Autarkie・自給自足）の側面だけが強調され、他のことは無意識のうちに捨象される。前章の終わりにのべたように、土着の自給性と封鎖性を支えていたはずの人と物資の移動、情報の獲得の問題、そのために前近代の社会が相対的に莫大なエネルギーをついやしていたことなど、伝統社会を理解するためのたいせつな観点が見失われる。

柳田国男は『明治大正史・世相篇』（『柳田国男集』第二十四巻所収、昭和三十八年、筑摩書房刊）のなかで、第六章に「新交通と文化輸送者」のことを論じ、現代の汽車は「寝たり本読んだり知らぬ間に（目的地に）来てしまったといふことが、如何にも満足に思はれる人ばかりを」たくさん運んでいるといっている。現在は「出来るだけ自宅と同じやうな生活をすることを、交通の便だと解して居る者も稀ではない」と説いている。この書が出版されて約半世紀、ここで指摘されている傾向は、その後いちだんと急加速され、今日にいたっている。しかも、交易とか人の移動ということを、ことさら念頭におかなくてもその日が過ごせる体制は、いっぽうでは意外と早く、近世社会に独自のかたちで胚胎している。この時期に村落内に成立した自営の小農家族は、本百姓として検地帳に登録され、その耕作権は永代保証の対象となった。実質はともかく、社会のたてまえでは、「年貢さへすまし候へば、百姓程心易きものは無レ之」と、慶安の御《お》触書《ふれがき》（一六四九）にいわれるようになった。

時代の限定と粉飾

領国経済の進展により、城下町に集住させられた商工業者を中心に、物資の流通も安定しはじめた。自営の小農家族を中堅の構成員とする村落のアウタルキーは、近世的形態で再編された。各地に定期市が開設され、村々を歴訪する歩き職とよばれるような、古い旅わたらいの諸職人や、商人たちの活動する分野は急速にせばめられた。彼らは歩きという古い業態になずみ、社会の進展におくれた民群として、無視してよいという状況が一般化した。畿内の事例であるが、村々の墓地をたずねると、古い墓碑は享保（一七一六〜三六）のあたり、特別の場合、元禄（一六八八〜一七〇四）あたりまで遡れる。村内寺院に伝えられる過去帳も、おおよそこれに対応している。このことは、たいていの村落生活の内容が、ほぼこの時期に上記の近世的意味で安定し、個々の小農家族がその業を将来にわたって子孫に継承させうる展望のひらけたことを、反映していると考えられている。

一般の農家も、それぞれ居住する村内に手次ぎの檀那寺《だんなでら》、菩提寺《ぼだいじ》をもち、祖先を供養することで、その家や所属する族団の永続をねがうという、今日のわれわれが常識にしているような祖先崇拝が、この時期に一般化した。墓地の墓石がそれを物語っている。このことは、生まれついた村々に無条件で土着し、外界のことにはあまり頓着せず、家の業を子々孫々ひたすらむかしどおり継承すれば、それで万事が安定し、充足するという、独得の精神のアウタルキーと表裏の関係にあった。こういう観念のうえでの封鎖性と自足性は、皮肉なことに物資の移動も交易も、一定の段階ではあるが昔日とは比較にならないほど安定し、日常のことに転化しはじめたという、まさしく近世的状況のもとにつくりだされた。

それは村落内で小農家族の自立が完了した結果、「旅」とか「旅わたらい」ということを特別に意識しなくても、平素はどうにかすごせるほど村落生活の安定がなされたことの、おのずからの表明でもあった。

それゆえ、伝統の祖先崇拝や祖霊信仰の事例をみるときにも、私たちはともすると現代の常識に流され、近代以前の社会におけるコミュニケーションの問題について、なおざりにしやすい。それらがどれほど家ごとに、ないしは族団ごとに孤立的で、閉鎖的な姿をしていても、近代以前の土着の生活であれば、それがあたりまえであろうと簡単に考え、そのことのもつ不自然さに気づくことが少なかった。すべてを祖先崇拝と報本反始《ほうほんはんし》に帰一させてしまうような、家や族団に付託された精神のアウタルキーは、近世という特定の時代の限定を、つよく加えられている。それをうけて明治以後、諸種の共同体の解体したあと、家意識だけがことさら強調された状況のなかで、より無制限に根を張ってしまった。こうした時代の粉飾を摘出する努力は、あまり意識的になされなかったように思う。

柳田国男自身凡人遁世とよべる群れからの脱落、「旅わたらい」や「うかれ人」の生態について、これがむかしは生存の一様式であったとみとめている。であるのに、いっぽうでは村々に定住するものの一定の族団ごとに祖先を祭り、自分の神を祭るのが信仰の本源的な姿であるというし、それが第一次の形式であると論断している。このことのなかにも、上記の問題がひそんでいるのではなかろうか（有泉貞夫「柳田国男考――祖先崇拝と差別」

『展望』一六二号、昭和四十七年六月号、神島二郎編『柳田国男研究』所収、昭和四十八年、筑摩書房刊)。現実生活の面で伝来のアウタルキーが解体しはじめると、精神のアウタルキーが強化される。反対に、村や族団ごとに草昧《そうまい》な生活を余儀なくされていた時代には、信仰の面で現実の枠をやぶろうとする力が、つよく働いていたと思われる。すでにのべたとおり、日常的に自給自足の度がつよいほど、外界との接触と交易に多くのエネルギーをつかわねばならなかったからである。

近くの不一致遠くの一致

社会の安定と生産の向上の結果として盛行しはじめた近世庶民の遊山や物詣、あるいは商用の旅などはべつとして、漂泊と移動、退転と移住を主内容にしたはずの庶民たちの「旅わたらい」については、今日、その痕跡はほとんど埋没し、消滅してしまっている。しかし、先にのべたとおり、さまざまの理由でみずから所属する群れをはなれて「旅」に出たものの姿は、村落社会のいちおうの安定がなされた近世でさえ、けっして絶えることはなかった。とくに自然環境がきびしく、封建制度のゆきづまりによる抑圧をつようけた東日本の農村では、犠牲者、脱落者の数は多かった。まして古い時代には、この異常事がむしろ常態としてあったろう。支配者、政府当局者のしるした文献記録には「浮浪・逃亡」とか「うかれ人」とよばれ、異端のものに分類されている人たちも、庶民の側からみればやむをえない事情のもと、それが日常平凡の事態であるかのようにして他発、自発のいずれかのかたちで端緒を切られ、開始された移動と漂泊の「旅」の、ひとつのあらわれであったはずである。

私たち日本人は、この列島内にほぼ単一の民族社会を形成してから、久しい歴史を経てきている。その内容は民俗学が文化周圏の現象となづけているものからも、うかがうことができる。もちろん、現在でも東北日本から西南日本まで、各地にさまざまな地域文化が伝承されている。とくに近世三百年の幕藩割拠の体制は、各地の城下町を中心に、それぞれ独得の文化を形成した。各種の地域的文化は、私たち日本人がこの国土に遍満した結果としてあらわれた、地域の個性とみなされよう。いっぽう、原始以来、われわれの民族文化の母胎となり、種因となったようなさまざまな種族文化の痕跡が、十分な混淆《こんこう》と同化を重ねないまま、地域の文化的個性のなかに影をおとしている場合もある。けれども、民俗における文化周圏の現象というのは、こうした地域の個性とか、地域文化、地域差のうえに、民族共通のものとして存在している。

たとえば、無限といってよいほど多彩な展開をしめしている方言の分布についてみても、東北六県と九州、沖縄の方言のあいだには大きな懸隔《けんかく》があるにもかかわらず、そこでつかわれる語彙《ごい》のなかに共通の特色のあるものが少なくない。中央の都府では早くつかわれなくなり、消滅した言葉が、これら民族社会の周辺にあたる地域に、共通して残っている。

民俗事象における近くの不一致と遠くの一致という現象は、全国的にトータルすると、中央の都府を中心に同心円的に所在していることがある。社会変動が中央部ほどはげしくなかった周辺域に、より古いものが変化せずに残留する確率が高いからである。このことから、どれほど奇抜な習俗でも、かならずどこかに類似の例が伝承され、それらを比較することで現在のように変化する以前の古いかたちが想定できるとされ、それによって古い民俗を復元遡及する重出証明とよばれる方法が、民俗学者によって駆使されてきた。

列島内の住民移動

この種の作業のできるのも、われわれの社会が大陸からはなれた列島という地理的条件のもと、大陸の諸民族のように大規模な民族移動の経験もなく、久しいあいだこの国土に定着してきた歴史にもとづいている。けれども、この事実は、民族社会内部でも、住民の移動がまったくなかったことを示すものではない。むしろ逆に、くりかえし多くの人の退転と移住、漂泊と定住がなされたからこそ、各種の民俗に近くの不一致、遠くの一致という多彩な内容がつくられたはずである。柳田国男が生涯にわたってその根源を明らかにしようとした、稲作を中心とした日本人の生活文化の総体としての均質性は、祖先たちが無限にくりかえした移住の結果として、今日のかたちになってわれわれの手に伝えられたものである。

全体としてはこの列島内に定住しながら、民族社会の内部や周辺部でくりかえされてきたことも多かった。国家と権力の成立とか、支配の維持、継続ということ自身、かつては多数の人の移動と移住を底辺にふまえている場合が多かったからである。たとえば平安時代「富豪浪人」とか「浮浪の長《おさ》」とよばれたものが配下に多くの「浮浪」を率い、蓄積した稲米や銭貨を資本のようにつかって、荘園や国衙《こくが》領の耕地を請作したことは知られている。このことは、早く奈良時代からあった徴証がある。古代の貴族政権は、浪人の発生を極力おさえようと努めるいっぽう、空閑地から収益をあげるためには、「富豪浪人」を請負師のようにつかい、「浪人」をよび集めようとはかった。

鎌倉幕府の基本法典である『御成敗式目《ごせいばいしきもく》』の第四十二条は、「去留ニ於テハ、宜シク民ノ意ニ任スベキナリ」という規定があるので知られている。農民が逃散するとき、領主がその妻子を抑留したり、資財を奪うのは、はなはだ仁政にそむいている。年貢などの未済分だけ弁償すれば、あとはその土地にとどまるか、どこかへ立去るかは農民たちの意のままにすべきだというのである。農民は生まれた村からめったに離れてはならない、逃散ははりつけ、獄門で罰せられるという、農民の土地緊縛が名実ともに完成したのは、戦国動乱をうけて成立した近世幕藩体制下のことであった。以前はかなり流動的であったとみてよい。石川県の能登にあった貸釜、新潟県の上越・中越地方の貸鎌・貸鍬、山形県の庄内平野の貸鍬の制なども、むかし農民たちが、この地方に大規模に移住したことの痕跡ではなかろうか。

能登の鳳至《ふげし》郡穴水町の中居は、カベヤの村とよばれている。ここは北陸、東北の日本海岸でいちばん早く鋳物師《いもじ》が定着したところであった。富山県の高岡、新潟県の三条も、ここから分かれて住みついたと伝える。ここの鋳物師は梵鐘《ぼんしょう》も鋳たが、彼らの定住のいちばんのめあては、外海岸の製塩業であった。塩をつくるための大きな鉄釜を鋳て、一年間、米一石で製塩業者に貸した。地主でもないのに大きな米蔵をもち、貸料の米をたくさん納めていたという。損じた釜はカベヤとよぶ職人をつかって鋳なおし、また貸しつけたが、カベヤたちは塩釜をつくるとき、余った鉄でご飯をたく釜や鍋をつくった。これはカベヤの所有となったので、彼らはそれを農家に一年に米一升で貸しつけた。中居には百人をこえるカベヤがいて、一人で百以上の鍋釜を貸しつけていたから、一万内外の鍋釜が周囲の農家に貸しつけられていたという(『風土記日本』第五巻東北・北陸篇、昭和三十五年、平凡社刊)。

カベヤたちはこれで年間の食糧を手にいれたが、鋳物は製塩を休む冬のあいだの仕事であったので、夏は左官になって江戸に出稼ぎにいった。粘土をこね、鋳物の炉をつくる技術を壁ぬりや、台所のカマドづくりに転用したわけで、カベヤ(壁屋)のよび名もここから起こったらしい。新潟県の貸鎌の中心は、上越市に編入されたむかしの高田や、その南の新井市、中越では長岡市などであった。鍛冶屋たちは一軒で三百丁、五百丁の自家製の鎌を農家に貸して、米や豆、まれには銭で貸料をとった。鍛冶屋たちは得意先とのつながりを一種の権利のようにみなし、同業仲間で売買することもあった（市川信次「貸鍬」『アチック・マンスリー』第四号、昭和十年）。山形県の庄内平野でも、鶴岡や酒田の町を中心に、おなじようなことが行なわれていたと聞いている。

土着万能になるまで

鍋や釜、鍬や鎌などの鉄製用具を借りたのは、この地域の土着の農家であったのはいうまでもない。しかし、こうした生活必需用具のレンタル・システムをつくりだしたそもそものはじまりは、この地方への移住者、入住者たちではなかったろうか。むかしの移住者たちの村入りの作法というのは、はじめはその村の重立《おもだ》ちの大百姓、地頭たちの庇護《ひご》をうけ、その家の下人となって住みつく。やがて本人の甲斐性しだいで、主家の仕事に励むかたわら、適地をもとめて自力で開墾し、ヘソクリのホマチ田、堀田（ホッ田・ホリ田）とよばれるものを、自前の耕地としてつくりだす。やがてカマド分けとよび、これをもとに主人の許しをえて、しだいに自営の農家に成長しはじめる。

家来百姓とか奉公人分家、名子・被官とよばれた半隷属の農家の多くは、このような経過をたどって発生したが、彼らがこうしていちおう自前の農家として出発しようとしたとき、鉄製の鍋釜、鍬や鎌をすべてそろえるというのは、かなりの負担であったはずである。

それらのレンタル・システムは、こういう事情のもとに発生したのではなかろうか。古代から中世にかけて、北陸から東北の日本海岸は、多くの移住者の手で開拓された地域として知られている。鋳物師、鍛冶屋などの旅わたらいの職人たちも、一般の移住民の群れにまじってこの地に定着し、その製品を周辺の新規開業の農民たちに貸しつけたのが、このシステムのそもそもの発祥であったと推測される。

鎌倉幕府の基本法典にさえ「去留任意」とあるほどの人口流動の現象、上記のような農民の退転と移住のあとは、古代後期から中世にかけての社会的な動乱と、不可分の事態として理解されるのがふつうである。律令制とよばれる古代国家の支配体制が動揺を重ね、解体してゆく過程で社会的動乱があらたな動乱を生み、支配体制の空白部に農民たちの意識的な退転、よりよい新天地をもとめての移住を生みだしたのは事実である。けれども、古代貴族や大社寺の権勢が日ごとに衰退するいっぽう、それにかわる武家の権力もまだ強大になりえなかった中世という、特殊な時代の特殊な事情はそれとして、近世幕藩社会におけるような、あれほど強力な農民掌握と土地緊縛は、農業生産の技術がある程度以上の水準に達していないと不可能である。カエルの子はカエルと観念し、人は生まれた村で家の業を継ぎ、一生をそこですごせるのがいちばんの仕合せと思い、年貢さえすませば百姓ほど心易きものはないと思わせるのは武力による強制だけでは不可能である。

なにごとも祖先の定めたとおり、伝来の地に根をおろしていればまちがいない。自然の災害にみまわれても、親に教えられたとおりにして頑張っていたら、なんとかもとにもどり、活路がひらかれるといった自信がなければ、土着万能の安定した社会、したがって理想的な農民の土地緊縛の体制はつくれない。そのような農業生産の水準は、日本では近世になってはじめて達成できたとみてよい。それ以前の時代は、農民が生まれた土地にいつまでも定住してくれるのは、支配者たちの願望であり、期待であったとしても、現実がそれを許さなかった。農民たちの定住のよこには、つねに退転が影のようにつきまとい、日常生活における平常と異常は、いつも隣あわせであった。中世の動乱期はもとよりのこと、古く律令制形成といった中央集権的な国家権力の、成立と上昇の時期にも、農民の逃亡と浮浪はたえず問題になっていた。六国史をはじめとする古代文献が、記録しているとおりである。

この事態は、ときの支配者たちにとって、もちろんこのましいものではなかった。彼らは「浮浪」とか「逃亡」、あるいは「浪人」などという表現を一種の賤称のように使用し、いわゆるうかれ人と一般定住民とをことさら区別し、前者の発生がなにか異常で、特別の事態であるかのようなポーズをとって記録している。しかし、それは、ある意味では支配者たちの、ヤセ我慢にすぎなかったともいえる。浪人を招致しなければ、空閑地の開墾も経営も満足にできなかった事態が、それを物語っている。ことの真相を一般農民の側からみるならば、彼らにとって定住と退転、移住と土着の差が紙一重であった時代は、原始以来、久しくつづいていたはずである。近世的な安定に到達する以前の人口流動の現象は、いわゆる古代末、中世といった特定時代の、特定の事情によって発生した一時的なものではなかったと思われる。

これを民族社会の周辺部で考えると、東北日本のエゾ—アイヌ、南九州のハヤト（隼人）との関係ひとつにしても、古代国家以来の支配者たちの侵攻と経略の歴史以外に、それとちがった次元で、庶民自身がなしてきた移住の歴史があったはずである。その経過は、いまとなっては復原する手段もないが、おそらく現地でははするどい対立と反発をふくみながらの融和と同化、終局的には相手側の併呑《へいどん》と埋没ということになった、庶民次元での諸種族混淆の歴史があったはずである。東日本にアイヌ系とみられる地名の多いのも、先住者と後住者とのあいだの、文化的継受の関係を思わせる。

民族社会の中心部でも、たとえば大和の南部、吉野の山中にはクズ（国栖）とよぶ山林に生活源をもとめる人たちが、政治的には早く大和朝廷に帰属しながら、いっぽうではかなり久しく、少なくとも十世紀のころまで、狩猟採集という原始以来の独自の業態と、生活圏とを山間に維持していた。全国的にみるなら、定着農民になるのをながく拒否し、旧来の種族文化を堅持した人の数は多かったろう。また、海浜や内陸の河川、湖沼部には、漁撈に従事して、これもまた原始以来の漂泊回帰の生態をつづけたアマ（海人）の民群も少なくなかった。これらの人たちの定着民化の過程も、大きな問題をはらんでいる。

歴史にみる人口流動

正倉院に伝えられる神亀三年（七二六）の山城国愛宕《おたぎ》郡出雲郷の計帳は、郷戸ごとにまとめて列挙されている人名のところどころに、武蔵国前玉《さきたま》（埼玉）郡に「逃」とか、尾治（尾張）国鮎市（愛知）郡に「逃」、越中（後）国蒲原郡に「逃」などと注記されているので知られている。官の命令で移ったのでないから「逃」なのであろうが、行先の郡名までわかっているのなら、これなどは逃亡でも実質は移住とよぶべきものだろう。しかし、以上にみてきたような庶民レベルでの人口流動、彼らの移住の歴史は、それが無限にくりかえされたのは間違いないとして、具体的にその退転から入住までのあいだ、どのようにしてなされたのか、いまとなってはほとんど不明といってよい。ただ、近世後期、たびたび飢饉の被害をうけた東北や北関東に伝えられている農民の窮乏と、流浪の実話などから、その一端がうかがえる程度である。

近世になって村落社会の安定度がいちだんと進んだのは事実である。しかし西日本にくらべて東日本、なかでも東北、北関東の村々は、幕藩支配の矛盾がしわよせされ、脆弱《ぜいじゃく》な部分を残していた。この地方では、飢饉のとき少しでも食糧事情のよいところをめざして流れてきて、てごろな空き家をみつけて住みついたのがいまの家だという話も多い。おなじように窮迫《きゅうはく》にたえかねて退転した先住者のあとに、ヤドカリのように入り込んだわけである。また、飢饉のあとの人口減に直面した領主たちは、対応策のひとつとして、他領からの入住者の定着化をはかった。たとえば会津若松藩では十八世紀前半、享保のころ人口が最大となり、五十年後の天明の飢饉を経て、同七年（一七八七）もっとも減少している。その間、宝暦八年（一七五八）から越後の農民をひき入れるようになった。当時、二十三万石の領内に五万石の手余り地があったと伝え、天明飢饉後の寛政元年（一七八九）から越後農民引入策は、いちだんと加速されたという。

事情は北関東でもおなじで、御三家のひとつの水戸藩では、享保十一年（一七二六）約三十二万あった領民が、のちに二十三万まで減少した。その理由に欠落《かけお》ち・出奔・出稼ぎ・出奉公・間引きの横行があげられている。食糧不足による栄養失調死だけでなく、封建的抑圧のもと、そこから派生する社会不安が、人口減少の大きな原因であった。このうち間引きについては、柳田国男は『故郷七十年』（『柳田国男集』別巻三所収、昭和三十九年、筑摩書房刊）のなかで往年を回顧し、十三歳のとき茨城県に住んでいた長兄のもとに身をよせたが、そのころ、近所の家は、たいてい子どもは二人しかいなかった。自分は播州《ばんしゅう》の生まれで兄弟八人というと、みなが「どうするつもりだ」と目をまるくして驚いたとある。明治の中ごろちかくまで、悪習が尾をひいていたらしい。生まれた子をもどすというように、霊魂観念は現在とかなりちがっていた。生まれて三日目の湯をすますまでは、赤ん坊の魂はあの世とこの世の中間にある不安定な存在とされていたから、これをあの世にもどしてやっても、さほど罪業感はなかったらしい。

だが、たとえそうであっても、これだけでは理由にならない。窮乏にもとづく村落社会の亀裂、この世にことよせる対象を見失った人たちの激情が内攻し、習俗的に恒常化した袋小路の状況を考えないと、とうてい理解できない。負の方向に異常に昂《たかぶ》った精神が日常そのもののなかに混入し、だれもがそれと気づかなかったような状態だったのだろうか。したがって、思いつめた人間の自分では自然と思っているような決意という点では、欠落ちやら出奔、出奉公にしても、その決断の端緒は、上記の間引きに似たものがあったのではなかろうか。

退転と入住のあいだ

人口の激減した北関東の諸藩でも、会津藩とおなじように、近世後期、北陸の浄土真宗門徒の農民を多く入住させている。五来重《ごらいしげる》氏の詳細な考証によると（「北陸門徒の関東移民」『史林』三十三巻六号、昭和二十五年）、たとえば常陸《ひたち》笠間藩八万石では、領内の稲田御坊とよばれる浄土真宗の名刹《めいさつ》西念寺（茨城県笠間市稲田）が、率先して領主の内意をうけ、北陸の門徒農民移住の手引きをしている。その数は寛政五年（一七九三）から文化元年（一八〇四）までに六十余戸、文政十二年（一八二九）までに二百余戸、明治維新までに四百五十戸におよんだ。他の真宗寺院もこれにならい、維新までに下野《しもつけ》で五百戸、常陸新治《にいばり》郡で三百余戸、下総結城《しもうさゆうき》郡で二百余戸、常陸水戸領で二百余戸という。

幕府直轄領でも、下野真岡の代官支配下で三百余戸千七百余人とか、下総飯沼新田三十一カ村の荒廃が、北陸門徒の手で復活したなどと伝えるが、その嚆矢《こうし》となった稲田の西念寺は、鎌倉時代に越後から関東に移った親鸞の止住したことで知られている。浄土真宗発祥の地として、門徒農民であればその名はよく承知していたし、親鸞の関東遺跡を巡拝するものは、むかしからかならずここを訪れた。だが、たとえその西念寺の手引きであっても、勝手に生まれた村をはなれ、生国を出るのは明らかに欠落ちであり、国禁を犯す行為である。移民引入れの端緒をつくった西念寺の住職良水《りょうすい》は、その風聞がひろまったために責任をとり、文化五年（一八〇八）六月十五日、十五歳の女子一人をのこし、法服を着て自害した。笠間領曾根村（西茨城郡岩瀬町曾根）の、もっとも早いころの移住者の後裔《こうえい》という堀家での伝承によると、先祖は男の子三人、女の子三人をつれた一家八人、村を出て四十日の長旅をつづけた。真宗門徒の証として、光明本尊とよぶ阿弥陀如来の絵像、浄土三部経、三和讃と御文章だけは肌身につけ、夜は橋の下などに野宿してワラジをつくり、信州から碓氷《うすい》峠の難所を狐狸におびえながら、ようやく通りすぎたという。

途中、もとの領主の手に捕えられれば、はりつけ、獄門の重罪である。西念寺の山門にたどりつくまでは、ほんとうに薄氷をふむ思いの四十日だったろう。仏というこの世を超えた実在に身命をことよせ、自ら聖化せず、通常の思念ですごせるような時間でも空間でもなかったはずである。会津若松藩の越後からの入百姓もそうであったが、これら北陸門徒のひき入れは、いずれも彼らが真摯な門徒農民として、間引きの悪習に染っていなかったことが、しばしば指摘されている。北陸の門徒の村が人口過剰になったから、東北や北関東に移住したというのである。だが、彼らの生国がどれほど人口過剰で、生活が窮迫していても、国禁を犯して移住を決意するには、よほどのことがなければならない。正と負の方向はべつとして、その決断の重さだけをとりあげるなら、それはあてのない通常の退転や出奔、あるいは間引きのような行為とも、一脈通じるものがあるのではなかろうか。

それにしても、子どもは二人しかつくらないことになっていた常陸の村に、北陸の村から光明本尊と経文類を肌身につけ、六人もの子どもをつれて移住してきた夫婦の姿は、近世後期という時代そのものを、現代の私たちに語りかけてくる。だが同時に、それは太古以来、祖先たちがこの国土でくりかえしてきた移住と定着のありようを、しのばせるものがある。生国を退転するということと、新天地をみつけて定住するということは、いずれもそれぞれの地で、のっぴきならない社会的、経済的な理由のもとになされたことである。まさしく徹頭徹尾、この世のできごとである。だが、その退転と入住の中間にある「旅」の空間は、仏を背に負い、神に導かれなければ、常人として歩けるものではない。この世とあの世との境目をぬい、夢心地のうちになされたとしか、いえないのではなかろうか。

この点では、北陸の門徒農民の北関東への移住のような、ある程度は計画的な手引者のある移民も、あてのない通常の出奔とか、一時の激情にまかせた逐電と、その差は紙一重といえるだろう。無事にどこかにたどりつけた人たちがあとをふりかえったら、そこには神や仏の恩寵《おんちょう》以外になにものもないというより、表現のしようはない。物狂いのようなかたちで旅に出たというマレビト信仰の根底は、こういうかたちで具体的に所在したと思う。移住も転居もまったくもって平常事になりきった現代人は、たとえばアメリカの西部開拓の物語をみて、いつも類型的な偶然が重なり、ハッピーエンドになる安易さを冷笑する。だが、かつて無事に西部に着いた人たちは、すぎた旅の日をこのように表現し、神の恩寵を語る以外になかったのではなかろうか。いったん思いつめて旅に出たものの行動と、心の軌跡は、洋の東西とも軌を等しくしていたといえそうである。折口信夫の「妣の国」の着想とマレビト信仰の根は、ふかいものがあるといわねばならない。

あとがき

昭和四十六年から四年間、勤務先の京都女子大学で、教育学科の初等教育学専攻生のため、「教科専門・社会」の講義を担当した。

本務は史学科に所属したままの臨時の出講で、最初はどういう講義をしたらよいのか困惑した。八教科にわかれている初等教育課程のなかの、社会科に関連するものとしてこちらの専攻分野の話をすれば、学生はみずからえらぶ進路のなかで主体的に消化するたてまえになっているが、こちらの問題意識だけで話すのでは、聞くほうの負担も大きいだろう。

こんなことを考えたすえ、「地域社会と地域文化」というテーマにしぼり、民俗学はこの問題について、どれほどの業績があるのか、整理してみることにした。

各種の教育機関のなかで、小学校は地域社会や地域文化の問題と、いちばん深くかかわっている。そこでは、たとえば方言を、どのようにとりあつかうかという問題がある。筆者の居住する京都周辺から関西一帯は、方言がもっとも幅をきかせている地方のひとつである。小学校はもとより、中学、高校、大学まで、関西弁の授業がまかり通っている。京都市内の私立の女子中学で、京都生まれの京都育ち、奈良の女高師卒というおばあさんの先生が、「三角形ＡＢＣは……」と、和服を着て、純粋の京都弁のアクセントで授業していられるのを、廊下で聞いたことがある。ゆっくり抑揚《よくよう》をきかせた京都弁の幾何の証明は、まるで歌をうたっているように聞えた。

一方、これと正反対の地方もある。義務教育だけで都会に出た卒業生が、いまわしい方言コンプレックスにかかり、職場で思うことも口に出せないのではなかろうかと、先生が心を痛めた例も、近いころまでは少なくなかった。現在はテレビ、ラジオの普及で、状況はよほど変化したが、この問題がまったく消滅したとはいえない。姿をかえ、随所に隠顕しつづけている。狭い日本のなかでも、標準語と方言、公用語と地域語の関係は、けっして一律ではない。これは大きくいえば古代以来の民族社会の組成の歴史、近くは明治以後の近代国家と社会の形成過程が、地域によって独自のもののあった結果である。

小学校の社会科教育は、身近なことから社会全般にむけ、児童の理解力をたかめるのを主眼にしている。右の方言の問題にみられる地域社会と文化のありようを、民俗学の提起しているさまざまな事象に即して考えることは、社会科教育の大きな柱になると思われる。講義の最初に考えたことは、以上の点であった。ところがはじめてみると、この問題が民俗学自身にとっても、きわめて重要な意味をもつことに気づかされた。

日本の民俗学は、この国土に形成された民族社会と、その文化の安定度、均質性を前提にしてきた。そのうえで重出証明の方法が駆使され、どれほど珍奇な習俗でも、類似のものがかならずあるということから、その相互比較がなされてきた。しかし個々の民俗が、それを伝承してきた地域社会の特質と不可分の関係にあるのも事実である。柳田国男は昭和二十九年に発行された『民俗手帖』（民俗学研究所編、古今書院刊）の序文で、民俗の地域的特性に言及し、民俗事象相互の類似点もさることながら、それぞれの特異性の由来をたずねることの重要さを説いている。同種の例をみつけることに興味を奪われ、その累積だけを心がけてきた従来の民俗調査のありかたを、ここで克服しようとした意図がみえる。日本の民俗学は、この時点でひとつの方法的反省期に入ったといえそうである。

ともあれ、「地域社会と地域文化」というテーマで、民俗学のこれまでの業績を整理しはじめたとき、柳田国男が上記の書物で「村の個性」とよび、そういう表現で示そうとした生活文化の伝承主体の問題に、自然にめぐりあうことになった。必然的に、それは個々の伝承主体の内実、各種共同体の内容にあわせて、それらが民族社会内部で占めてきた位置の問題にかかわってくる。さらには、諸共同体相互間のコミュニケーションのシステムとか、祖先たちがこの列島社会でくり返してきた退転と移住、定着の過程を考慮することが必要になる。本書はもとより不十分ではあるが、「教科専門・社会」の講義を担当するなかで考えついた以上の観点にもとづき、これまでの民俗誌を、その伝承の主体に即して考えなおそうとしたひとつのノートである。

講談社の鷲尾賢也氏から現代新書に執筆のおすすめをうけて、二年以上もすぎた。焦点が定まらず、しばしば立ち往生を重ねたうえ、ようやくここまで到達できた。ひとえに鷲尾氏の激励によるものと、感謝している。

昭和五十年七月十日

高取正男

解説　「現在学」としての「民俗学」

阿満利麿

1　「民俗学の視角」

高取正男によると、「民俗学」は、広い意味では歴史学の分野に入る。ただし、従来の歴史学は、文献史料が中心で、様々な事象も、過去から現在へと時間的に整序される。そこでは、「時代の刻印のない民俗事象」は対象となりにくい。それに対して「民俗学」は、「日本人が日常無意識のうちに行っている生活習俗」や「各種の伝承」を対象とし、それらの「歴史的由来」を明らかにしようとする。つまり、「民俗学」は「現在の私」から出発する「現在学」なのである（「日本史研究と民俗学」『民間信仰史の研究』）。

「現在学」とは、柳田国男の言葉でいえば、私たちが「眼前の疑問」から出発して、過去の歩みを知った上で、「眼前の疑問」の解決に取り組む学問をいう（柳田国男『郷土生活の研究』）。柳田の場合、関心の一つに、日本人を縛っている「事大主義」（柳田国男編『日本人』）からの脱却があった。どうすれば「事大主義」を脱して、それぞれが「民主政治」の主体になることができるのか。そのためにまずなによりも、民衆の「心意」を明らかにすることが必要となった。その成果の一つが、『明治大正史　世相篇』（一九三一年刊）である。この著では、文献史学に必須の年号と固有名詞がほとんど用いられずに、近代の日本人の生活文化の諸相とその課題が見事に描かれている。

本書もまた、高取正男の「生活文化の伝承主体」を問うまなざしが、私たちの心の襞に及び、私たちの精神の課題がどこにあるのかが浮き彫りにされている。

2　本書の視点

「私」と「ワタシ」

「ワタシの茶碗」を家族といえども使用すると、なぜ違和感を覚えるのか。まして他人が使えば、なにか後味の悪い感情が生まれるのはなぜなのか。あるいは、葬儀の出棺の際に、故人の使用していた茶碗を割る習わしがある。どうしてそのようなことをするのか。

高取は、こうした例から「モノ」と一体になった「ワタシ」が、私たちの通常の意識下にあると考え、それを「エゴの本性」と名づけ、「日本的思考」の「原型」だとする。つまり、近代以前の日本人には、なんらかのモノ、あるいは所属する家族や組織、地域に一体化させて自分を認識する傾向が強かった。それは、明らかに近代の個人意識とは異質である。今でも、たとえば、ある企業に属していた人は、その企業を退職してからも、なにかでその企業の名前が出てくると、なんだか自分が名指しされているような錯覚を覚える。企業と一体になった「ワタシ」のすがたなのであろう。

では、私たちの自我が、このような「ワタシ」を内にふくんでいる理由はどこにあるのか。それは、明治以後の西洋文化の受容に際して、一種の「接ぎ木」現象が生じたからである。つまり、西洋近代に発する人権、平等、自由という理念は、今までの自我のあり方を台木として受容された。したがって、折にふれて、台木が姿を見せることになる。

そしていうまでもないが、このような自我の二重構造が、私たちのものの考え方に「タテマエ」と「ホンネ」を生む原因ともなっている。

「五分の魂」

「ワタシ」は、近代以前の個人意識なのだが、高取は、しばしば「一寸の虫にも五分の魂」の「五分の魂」、あるいは「意地」(『仏教土着』)ともよぶ。それらは、あまりにも感覚的な表現だが、高取はその特徴として二つのことをあげる。

一つは、台木になっている「ワタシ」の外延は思いのほか広い、ということ。さきの例でいえば、かつて勤めていた企業も「ワタシ」の範囲にあるのだ。私なりにその理由を考えてみると、近代の自我意識が、個人の独立、自立を前提とするのに対して、「ワタシ」

は、自己を取り巻く諸々の関係を優先させて自己を意識するからではないか。

二つは、近代の自我が、家やムラなどと対立することによって形成されてゆくのに比して、「ワタシ」は「所属する共同体に自己を同一化」することによってはじめて存在することができたという点である。

とくに高取が注目するのは、「ムラ」がもつ「安全弁」である。その特徴がよく分かるのは、「寄合い」だという。

「ムラ」の「寄合い」では、近代の会社の会議などとは異なり、メンバーがすべて納得ゆくまで話し合う。つまり、それぞれの「ワタシ」が納得することそのことが「寄合い」の目的なのである。しかも、その話し合いでは、「事態の本質を一直線にさししめすのを避けて、体験譚、先例、ことわざなど、もろもろのものにことよせて暗示し、（中略）間接的に説き明かす」という「論法」が用いられた（本書、六二頁）。いうまでもなく、メンバーの「ワタシ」のすべてが発言しやすく、納得しやすくするためである。

このように、「ムラ」のすべての「ワタシ」が納得してことがすすむのであるから、「ムラ」も維持され、またそのメンバーである「ワタシ」が「ムラ」から脱落することもない。これが、近代以前の「ムラ」と「ワタシ」のあり方なのであった。

しかも、ことやものに依存する「ワタシ」は、「ムラ」が崩壊した近代になっても（正確にいえば会社、同窓会、同郷意識のような「疑似ムラ」は残り続けているが）、私たちの意識下にさまざまなすがたで生きている。このように、「ワタシ」は、今の人間にもけっして無縁なのではない。にもかかわらず、知識人の多くは、新たに身につけた「合理的なタテマエ」だけで物事を理解しようとして、その意識下の「ワタシ」には無関心を装いがちである。

だからこそ高取は、「日常の生活内部を掘り下げて、氷山の下にかくれている部分をさぐりあてたあと、もういちど水面に浮上する作業」つまり、「日常の生活文化の構造的認識」にとりかからなければ、日本人に本当に必要な主体性は形成されない、とのべる（本書、三八頁）。

定住と漂泊

「ワタシ」は、属する共同体の庇護のもとに存在したが、それでも「おのれを託したものから疎外されたとき」（『仏教土着』）、「ムラ」から脱落してゆく。そして、漂泊の群れに身を投じていった、という。

近代以前の日本社会は、定住の暮らしが中心であったと思いがちだが、本書によれば、近代以前では、旅や漂泊の暮らしもまた定住と同じ程度に一つの確固とした生存の形式であったことが分かる。なかには、こうした漂泊の民をたばねる「浮浪の長」がいて、彼らが荘園などの耕作を請け負ったという例が紹介されているほどだ。

では、こうした漂泊や旅の人生を送る人たちは、なにを支えに生きていたのであろうか。もともと「ムラ」の掩護なしには生きられなかったのであるから、「ムラ」にかわる「魂の共同体」に身を投じたのではないか、と高取は推測する。

たとえば、近世の事例になるが、冷害などで疲弊した東北地方の復興のために、越後などから農民たちが移住させられたケースが紹介されている。彼らの多くは、真宗門徒であった。彼らは、阿弥陀如来の絵像や蓮如の御文を肌身につけ、念仏のなかで、辛い旅を続けたという。つまり、旅や漂泊の暮らしには、神仏の加護が不可欠であったのではないか、というのだ。

このことからさらに高取は、移住や旅、漂泊の暮らしのなかから、独自の神観念が生まれてきたのではないか、と考える。それは、折口信夫の提唱した「マレビト」のことだが、今までは、あの世から時を定めて村に訪れる神だとされてきた。しかし、それは定住者から見たときの神の姿であり、旅や漂泊の暮らしに生きる者の立場からいえば、彼ら自身がいわば神がかり状態になるとか、あるいは、神の庇護下にあるという確信があってはじめて、旅や漂泊の持続が可能となったのであり、それが「マレビト」の原義ではなかったか、という。

この推論は、柳田国男によって定式化された、日本人の神観念は定住者たちの先祖の霊、「祖霊」を原型としている、という説の再検討を要求することになるが、高取がいいたいことは、日本人の神観念もまた「定住と漂泊」に対応して重層性を帯びている、ということなのである。

3　「正統」と「影」

本書で一貫して強調されていることは、日本人の思考が世間の常識が是とする考え方、見方に尽きているのではなく、かならず、もう一つの思考や感覚が、まるでその「影」のように付随しているという点であろう。

しかも、その「影」の部分に気づくことは大変難しい。だから、「正統」（表向き）の思想や感じ方だけで物事を進めると、思わぬ壁にぶつかることが生じる。大切なことは、そのとき、なぜこのような事態にいたったのかを、わが身をふり返って、よくよく「内省」することなのだ。「内省」こそ、「民俗学」を支えるキーワードなのである。

にもかかわらず、明治以後の日本の近代化の道は、このような「影」の部分を切り捨てるばかりで、その役割を評価することがなかった。また、「内省」よりも、外部に向かって自己を主張する生き方が評価されるようになった。その結果、日本人の思考は、単線化、一元化してしまった。それは分かりやすいが、問題を解決し、前に進める強さからは遠い。

高取は、近代的自我（「私」）と「ワタシ」、「表街道」を支えてきた「裏街道」の役割、「定住」と「漂泊」という暮らしの二重性、「先祖神」と「マレビト」といった「神」の

「原形質」の違い、つまり、「正統」とその「影」を種々のレベルで対比することによって、私たちの自己の全体像を認識しようと試みている。主体的に生きるとは、このような認識から生まれてくるのである（ちなみに、「正統」と「影」との対比は『仏教土着』で深く論及されている)。

課題

終わりに、高取正男が本書で踏み込まなかった点について、一言ふれておきたい。一つは、「ワタシ」が「ムラ」への依存によってしか存在できなかったということは、最終的には「ムラ」の大勢に従うということになり、「事大主義」の温床となってきたのではないか、という問題である。私たちの意識下に生きている、モノやことに依存しておのれを主張する「ワタシ」を、いかに新たな主体へ昇華させるか、その道筋をはっきりさせる必要があるのではないか。少なくとも、私たちそれぞれが、おのれのなかの「ワタシ」を客観化できる機会をもつことが必須であろう。

二つは、「漂泊」という言葉は古めかしいが、現代の言葉におきかえると孤独にほかならない。そうなると、なにが孤独を支えるのかという問題となり、「魂の共同体」のもつ意味はもっと切実感をもってせまってくるのではないか。

高取は鎌倉武士、熊谷次郎直実の出奔、逐電、出家に言及しているが、彼が漂泊というあり方にとどまらず、法然の本願念仏に帰依してはじめて安住したとのべている。高取はそれ以上ふれていないが、漠然とした「魂の共同体」にとどまらない点が大切なのではなかろうか。私たちが引き継いでゆかねばならない課題であろう。

ちなみに、本書の母体となる『民俗のこころ』（朝日新聞社）が刊行されたのは一九七二年であり、その翌年、一九七三年には『仏教土着』（ＮＨＫブックス）が出版されている。そして、一九七五年八月に本書が刊行された。こうしてみると、この時期、高取は立て続けに、日本人の主体性について「民俗学の視角」から論じ続けていたことになる。以来、半世紀が経過した。日本人の主体性をめぐる思考はどこまで深まってきたのであろうか。

なお、こうした課題を考える上で、拙著『日本精神史』（筑摩書房）、とくにその最終章（「普遍性の再生――日本人は変われるのか」）が役に立つと思われる。そこでは、高取正男と同時代の、丸山真男や神島二郎、作田啓一、益田勝実らの、日本人の主体性確立に関する議論にふれている。ご一読いただければ幸いである。

本書は一九七五年八月に講談社現代新書として刊行され、その後一九九五年三月に平凡社ライブラリーとして刊行された。今回の文庫化に際し、写真は、著者が撮影した講談社現代新書掲載のものを使用した。

わたしの外国語学習法　ロンブ・カトー　米原万里訳

16ヵ国語を独学で身につけた著者が明かす語学学習の秘訣。特殊な才能がなくても外国語は必ず習得できる！　という楽天主義に感染させてくれる。

英語類義語活用辞典　最所フミ編著

類義語・同意語・反意語の正しい使い分けが、豊富な例文から理解できる定評ある辞典。学生や教師・英語表現の実務家の必携書。（加島祥造）

日英語表現辞典　最所フミ編著

日本人が誤解しやすいもの、英語理解のカギになるもの、まぎらわしい同義語、日本語の伝統的な表現・慣用句・俗語を挙げ、詳細に解説。（加島祥造）

言海　大槻文彦

統率された精確な語釈、味わい深い用例、明治の刊行以来昭和まで最もポピュラーで多くの作家に愛された辞書『言海』が文庫で。（武藤康史）

名指導書で読む　筑摩書房　なつかしの高校国語　筑摩書房編集部編

名だたる文学者による編纂・解説で長らく学校現場で愛された幻の国語教材。教室で親しんだ名作と、珠玉の論考からなる傑作選が遂に復活！

柳田国男を読む　赤坂憲雄

稲作・常民・祖霊のいわゆる「柳田民俗学」の向こう側にこそ、その思想の豊かさと可能性があった。テクストを徹底的に読み込んだ、柳田論の決定版。

夜這いの民俗学・夜這いの性愛論　赤松啓介

筆おろし、若衆入り、水揚げ……。古来、日本人は性に対し大らかだった。在野の学者が集めた、柳田が切り捨てた性民俗の実像。（上野千鶴子）

差別の民俗学　赤松啓介

人間存在の病巣〈差別〉。実地調査を通して、その実態・深層構造を詳らかにし、根源的解消を企図した赤松民俗学のひとつの到達点。（赤坂憲雄）

非常民の民俗文化　赤松啓介

柳田民俗学による「常民」概念を逆説的な梃子として、「非常民」こそが人間であることを宣言した、赤松民俗学最高の到達点。（阿部謹也）

汚穢と禁忌
メアリ・ダグラス
塚本利明訳
穢れや不浄を通し、秩序や無秩序、存在と非存在、生と死などの構造を解明。その文化のもつ体系的宇宙観に丹念に迫る古典的名著。（中沢新一）

宗教以前
高取正男
橋本峰雄
日本人の魂の救済はいかにして実現されうるのか。民俗の古層を訪ね、今日的な宗教のあり方を指し示す、幻の名著。（阿満利麿）

日本伝説集
高木敏雄
全国から集められた伝説より二五〇篇を精選。民話のほぼ全ての形式と種類を備えた決定版。日本人の原風景がここにある。（香月洋一郎）

人身御供論
高木敏雄
人身供犠は、史実として日本に存在したのか。民俗学草創期に先駆的業績を残した著者の、表題作他全13篇を収録した比較神話・伝説論集。（山田仁史）

儀礼の過程
ヴィクター・W・ターナー
冨倉光雄訳
社会集団内で宗教儀礼が果たす意味と機能を明らかにし、コムニタスという概念で歴史・社会・文化の諸現象の理解を試みた人類学の名著。（福島真人）

日本の神話
筑紫申真
八百万の神はもとは一つだった!? 天皇家統治のために創り上げられた記紀神話を、元の地方神話に解体すると、本当の神の姿が見えてくる。（金沢英之）

河童の日本史
中村禎里
ぬめり、水かき、悪戯にキュウリ。異色の生物学者が、時代ごと地域ごとの民間伝承や古典文献を精査。〈実証分析的〉妖怪学。（小松和彦）

初版 金枝篇（上）
J・G・フレイザー
吉川信訳
人類の多様な宗教的想像力が生み出した多様な事例を収集し、その普遍的説明を試みた社会人類学最大の古典。膨大な註を含む初版の本邦初訳。

初版 金枝篇（下）
J・G・フレイザー
吉川信訳
なぜ祭司は前任者を殺さねばならないのか？ そして、殺す前になぜ〈黄金の枝〉を折り取るのか？ 事例の博捜の末、探索行は謎の核心に迫る。

火の起原の神話　J・G・フレイザー　青江舜二郎訳
人類はいかにして火を手に入れたのか。世界各地より夥しい神話や伝説を渉猟し、文明初期の人類の精神世界を探った名著。（前田耕作）

未開社会における性と抑圧　B・マリノフスキー　阿部年晴／真崎義博訳
人類における性は、内なる自然と文化的力との相互作用のドラマである。この人間存在の深淵に到るテーマを比較文化的視点から問い直した古典的名著。

ケガレの民俗誌　宮田登
被差別部落、性差別、非常民の世界など、日本民俗の深層に根づいている不浄なる観念と差別の問題を考察した先駆的名著。（赤坂憲雄）

はじめての民俗学　宮田登
現代社会に生きる人々が抱く不安や畏れ、怖さの源はどこにあるのか。民俗学の入門的知識をやさしく説きつつ、現代社会に潜むフォークロアに迫る。

南方熊楠随筆集　益田勝実編
博覧強記にして奔放不羈、稀代の天才にして孤高の自由人・南方熊楠。この猥雑なまでに豊饒な不世出の頭脳のエッセンス。（益田勝実）

奇談雑史　宮負定雄　佐藤正英／武田由紀子校訂・注
霊異、怨霊、幽明界など、さまざまな奇異な話の集大成。柳田国男は、本書より名論文「山の神とヲコゼ」を生み出す。日本民俗学、説話文学の幻の名著。

贈与論　マルセル・モース　吉田禎吾／江川純一訳
「贈与と交換こそが根源的人類社会を創出した」。人類学、宗教学、経済学ほか諸学に多大の影響を与えた不朽の名著、待望の新訳決定版。

山口昌男コレクション　山口昌男　今福龍太編
20世紀後半の思想界を疾走した著者の代表的論考をほぼ刊行編年順に収録。この独創的な人類学者＝思想家の知の世界を一冊で総覧する。（今福龍太）

身ぶりと言葉　アンドレ・ルロワ＝グーラン　荒木亨訳
先史学・社会文化人類学の泰斗の代表作。人の生物学的進化、人類学的発展、大脳の発達、言語の文化的機能を壮大なスケールで描いた大著。（松岡正剛）

世界の根源
アンドレ・ルロワ＝グーラン
蔵持不三也訳

人間の進化に迫った人類学者ルロワ＝グーラン。半生を回顧しつつ、人類学・歴史学・博物館の方向性、言語・記号論・身体技法等を縦横無尽に論じる。

民俗地名語彙事典
松永美吉
日本地名研究所編

柳田国男の薫陶を受けた著者が、博捜と精査により日本の地名に関する基礎情報を集成。土地の記憶を次世代へつなぐための必携の事典。（小田富英）

日本の歴史をよみなおす(全)
網野善彦

中世日本に新しい光をあて、その真実と多彩な横顔を平明に語り、日本社会のイメージを根本から問い直す。超ロングセラーを続編と併せ文庫化。

米・百姓・天皇
網野善彦
石井進

日本とはどんな国なのか、なぜ米が日本史を解く鍵なのか、通史を書く意味は何なのか。これまでの日本史理解に根本的転回を迫る衝撃の書。（伊藤正敏）

列島の歴史を語る
網野善彦
藤沢・網野さんを囲む会編

日本は決して「一つ」ではなかった！ 中世史に新次元を開いた著者が、日本の地理的・歴史的な多様性と豊かさを平明に語った講演録。（五味文彦）

列島文化再考
網野善彦／塚本学／坪井洋文／宮田登

近代国家の枠組みに縛られた歴史観をくつがえし、列島に生きた人々の真の姿を描き出す、歴史学・民俗学の幸福なコラボレーション。（新谷尚紀）

日本社会再考
網野善彦

歴史の虚像の数々を根底から覆してきた網野史学。漁業から交易まで多彩な活躍を繰り広げた海民に光をあて、知られざる日本像を鮮烈に甦らせた名著。

図説　和菓子の歴史
青木直己

饅頭、羊羹、金平糖にカステラ、その時々の外国文化の影響を受けながら多種多様に発展した和菓子。その歴史を多数の図版とともに平易に解説。

今昔東海道独案内　東篇
今井金吾

いにしえから庶民が辿ってきた幹線道路・東海道。日本人の歴史を、著者が自分の足で辿りなおした名著。東篇は日本橋より浜松まで。（今尾恵介）

物語による日本の歴史　石母田正／武者小路穣

古事記から平家物語まで代表的古典文学を通して、国生みからはじまる日本の歴史を子ども向けにやさしく語り直す。網野善彦編集の名著。（中沢新一）

増補 学校と工場　猪木武徳

経済発展に必要とされる知識と技能は、どこで、どのように修得されたのか。学校、会社、軍隊など、人的資源の形成と配分のシステムを探る日本近代史。

居酒屋の誕生　飯野亮一

寛延年間の江戸に誕生しすぐに大発展を遂げた居酒屋。しかしなぜ他の都市ではなく江戸だったのか。一次資料を丹念にひもとき、その誕生の謎にせまる。

すし 天ぷら 蕎麦 うなぎ　飯野亮一

二八蕎麦の二八とは？　握りずしの元祖は？　なぜうなぎに山椒？　膨大な一次史料を渉猟しそんな疑問を徹底解明。これを読まずに食文化は語れない！

天丼 かつ丼 牛丼 うな丼 親子丼　飯野亮一

身分制の廃止で作ることが可能になった親子丼、関東大震災が広めた牛丼等々、どんぶり物二百年の歴史をさかのぼり、驚きの誕生ドラマをひもとく！

増補 アジア主義を問いなおす　井上寿一

侵略を正当化するレトリックか、それとも真の共存共栄をめざした理想か。アジア主義を外交史的観点から再考し、その今日的意義を問う。増補決定版。

十五年戦争小史　江口圭一

満州事変、日中戦争、アジア太平洋戦争を一連の「十五年戦争」と捉え、戦争拡大に向かう曲折にみちた過程を克明に描いた画期的通史。（加藤陽子）

たべもの起源事典 日本編　岡田哲

駅蕎麦・豚カツにやや珍しい郷土料理、レトルト食品・デパート食堂まで。広義の〈和〉のたべものと食文化事象一三〇〇項目収録。小腹のすく事典！

ラーメンの誕生　岡田哲

中国のめんは、いかにして「中華風の和食めん料理」へと発達を遂げたか。外来文化を吸収する日本人の情熱と知恵。丼の中の壮大なドラマに迫る。

山岡鉄舟先生正伝　小倉鉄樹／石津寛／牛山栄治

鉄舟から直接聞いたこと、同時代人として見聞きしたことを弟子がまとめた正伝。江戸無血開城の舞台裏など、リアルな幕末史が描かれる。（岩下哲典）

士（サムライ）の思想　笠谷和比古

中世に発する武家社会の展開とともに形成された日本型組織。「家（イエ）」を核にした組織特性と派生する諸問題について、日本近世史家が鋭く迫る。

戦国乱世を生きる力　神田千里

土一揆から宗教、天下人の在り方まで、この時代の現象はすべて民衆の姿と切り離せない。「乱世の真の主役としての民衆」に焦点をあてた戦国時代史。

三八式歩兵銃　加登川幸太郎

旅順の堅塁を白襷隊が突撃した時、特攻兵が敵艦に突入した時、日本陸軍は何をしたのであったか。元陸軍将校による渾身の興亡全史。（一ノ瀬俊也）

わたしの城下町　木下直之

攻防の要である城は、明治以降、新たな価値を担い、日本人の心の拠り所として生き延びる。城と城のようなものを歩く著者の主著、ついに文庫に！

東京の下層社会　紀田順一郎

性急な近代化の陰で生みだされた都市の下層民。落伍者として捨て去られた彼らの実態に迫り、日本人の人間観の歪みを焙りだす。（長山靖生）

土方歳三日記（上）　菊地明編著

幕末を疾走したその生涯を、綿密な考証で明らかに。上巻は元治元年まで。新選組結成、芹沢鴨斬殺、池田屋事件……時代はいよいよ風雲急を告げる。

土方歳三日記（下）　菊地明編著

鳥羽伏見の戦に敗れ東走する新選組。近藤亡き後、敗軍の将・土方は会津、そして北海道へ。下巻は慶応元年から明治二年、函館で戦死するまでを追う。

独立自尊　北岡伸一

国家の発展に必要なものとは何か――。福沢諭吉は生涯をかけてこの課題に挑んだ。今こそ振り返るべき思想を明らかにした画期的福沢伝。（細谷雄一）

近代日本とアジア　坂野潤治
近代日本外交は、脱亜論とアジア主義の対立構図により描かれてきた。そうした理解が虚像であることを精緻な史料読解で暴いた記念碑的論考。（苅部直）

増補 モスクが語るイスラム史　羽田正
モスクの変容――そこには宗教、政治、経済、美術、人々の生活をはじめ、イスラム世界の全歴史が刻み込まれている。その軌跡を色鮮やかに描き出す。

日本大空襲　原田良次
帝都防衛を担った兵士がひそかに綴った日記。各地の空爆被害、斃れゆく戦友への思い、そして国への疑念……空襲の実像を示す第一級資料。（吉田裕）

餓死《うえじに》した英霊たち　藤原彰
第二次大戦で死没した日本兵の大半は飢餓や栄養失調によるものだった。彼らのあまりに悲惨な最期を詳述し、その責任を問う告発の書。（一ノ瀬俊也）

城と隠物の戦国誌　藤木久志
村に戦争がくる！　そのとき村人たちはどのような対策をとっていたか。命と財産を守るため知恵を結集した戦国時代のサバイバル術に迫る。（千田嘉博）

裏社会の日本史　フィリップ・ポンス　安永愛訳
中世における賤民から現代社会の経済的弱者まで、また江戸の博徒や義賊から近代以降のやくざまで――フランス知識人が描いた貧困と犯罪の裏日本史。

古代の朱　松田壽男
古代の赤色顔料、丹砂。地名から産地を探ると同時に古代史が浮き彫りにされる。標題論考に、「即身佛の秘密」、自叙伝「学問と私」を併録。

横井小楠　松浦玲
欧米近代の外圧に対して、儒学的理想である仁政を基に、内外の政治的状況を考察し、政策を立案し遂行しようとした幕末最大の思想家を描いた名著。

古代の鉄と神々　真弓常忠
弥生時代の稲作にはすでに鉄が使われていた！　原型を遺さないその鉄文化の痕跡を神話・祭祀に求め、古代史の謎を解き明かす。（上垣外憲一）

北一輝　渡辺京二

明治天皇制国家を批判し、のち二・二六事件に連座して刑死した日本最大の政治思想家北一輝の生涯。第33回毎日出版文化賞受賞の名著。（臼井隆一郎）

中世を旅する人びと　阿部謹也

西洋中世の庶民の社会史。旅籠が客に課す厳格なルールや、遍歴職人必須の身分証明のための暗号など、興味深い史実を紹介。（平野啓一郎）

中世の星の下で　阿部謹也

中世ヨーロッパの庶民の暮らしを具体的、克明に描き、その歓びと涙、人と人との絆、深層意識を解き明かした中世史研究の傑作。（網野善彦）

中世の窓から　阿部謹也

中世ヨーロッパに生じた産業革命にも比する大転換――。名もなき人びとの暮らしを丹念に辿り、その全体像を描き出す。大佛次郎賞受賞。（樺山紘一）

1492 西欧文明の世界支配　ジャック・アタリ　斎藤広信訳

1492年コロンブスが新大陸を発見したことで、アメリカをはじめ中国・イスラム等の独自文明は抹殺された。現代世界の来歴を解き明かす一冊。

憲法で読むアメリカ史（全）　阿川尚之

建国から南北戦争、大恐慌と二度の大戦をへて現代まで。アメリカの歴史は常に憲法を通じ形づくられてきた。この国の底力の源泉へと迫る壮大な通史！

専制国家史論　足立啓二

封建的な共同団体性を欠いた専制国家・中国。歴史的にこの国はいかなる展開を遂げてきたのか。中国の特質と世界の行方を縦横に考察した比類なき論考。

暗殺者教国　岩村忍

政治外交手段として暗殺をくり返したニザリ・イスマイリ教国。広大な領土を支配したこの国の奇怪な活動を支えた教義とは？（鈴木規夫）

増補 魔女と聖女　池上俊一

魔女狩りの嵐が吹き荒れた中近世、美徳と超自然的力により崇められる聖女も急増する。女性嫌悪と礼賛の熱狂へ人々を駆りたてたものの正体に迫る。

ちくま学芸文庫

日本的思考《にほんてきしこう》の原型《げんけい》　民俗学《みんぞくがく》の視角《しかく》

二〇二一年七月十日　第一刷発行

著者　高取正男（たかとり・まさお）

発行者　喜入冬子

発行所　株式会社　筑摩書房
東京都台東区蔵前二―五―三　〒一一一―八七五五
電話番号　〇三―五六八七―二六〇一（代表）

装幀者　安野光雅

印刷所　明和印刷株式会社

製本所　株式会社積信堂

ISBN978-4-480-51074-7 C0139